人事档案信息开发与利用

郭宝珍　著

大连出版社

© 郭宝珍 2025

图书在版编目（CIP）数据

人事档案信息开发与利用 / 郭宝珍著. -- 大连：大连出版社, 2025.6. -- ISBN 978-7-5505-2451-4

Ⅰ. G275.9

中国国家版本馆CIP数据核字第2025L8D756号

出 品 人：王延生
策划编辑：曹红波
责任编辑：曹红波　安晓雪
封面设计：刊　易
责任校对：刘春艳
责任印制：刘正兴

出版发行者：大连出版社
　　　地址：大连市西岗区东北路161号
　　　邮编：116016
　　　电话：0411-83620573 / 83620245
　　　传真：0411-83610391
　　　网址：http:// www.dlmpm.com
　　　邮箱：dlcbs@dlmpm.com
印　刷　者：大连天骄彩色印刷有限公司

幅面尺寸：170mm × 240mm
印　　张：9.25
字　　数：178千字
出版时间：2025年6月第1版
印刷时间：2025年6月第1次印刷
书　　号：ISBN 978-7-5505-2451-4
定　　价：59.00元

版权所有　侵权必究
如有印装质量问题，请与印厂联系调换。电话：0411-86736292

前　言

　　人事档案是人力资源管理中不可或缺的重要组成部分，是组织发展、人才管理和战略决策的重要依据。随着经济的快速发展和科技的不断进步，传统的人事档案管理模式正经历着深刻的变革。信息化、智能化和数字化的趋势不仅提高了人事档案的管理效率，也为其开发与利用提供了更加广阔的空间。然而，这一领域仍面临着诸多挑战，如人事档案信息的规范性不足、安全性隐患增加、隐私保护与合规性管理的压力加大等。为了解决这些问题，并全面提升人事档案管理的水平，本书围绕"开发与利用"这一核心主题，系统梳理了相关理论与实践经验，旨在为相关领域的从业者、研究者以及决策者提供参考和指导。

　　人事档案是记录员工个人信息、职业发展轨迹以及工作绩效的系统性资料库，是企业、机构以及政府等组织进行人力资源管理的重要工具。人事档案不仅能够为人才选拔、绩效评估和培训发展提供数据支持，还有助于组织优化资源配置，提高决策效率。然而，传统的人事档案管理大多局限于信息的收集与存储，开发与利用的广度和深度远未达到现代管理的要求。本书从人事档案的定义与构成、作用入手，详细分析其在社会管理中的重要作用，并引导读者从宏观视角理解人事档案与社会管理之间的密切关系。

　　随着信息技术的不断升级，人事档案管理逐步迈向数字化和智能化时代。数据存储技术的创新、管理系统的优化设计，以及人工智能和大数据技术的应用，为人事档案的规范化整理、精确检索和智能化分析提供了强有力的支持。同时，智能化管理带来的数据价值发掘和深度分析，也为企业战略规划和人力资源决策开辟了新的思路。本书从技术的角度出发，重点介绍了人工智能、大数据和云计算等先进技术在人事档案管理中的具体应用及其优势，帮助人们了解现代技术如何提高人事档案管理效率并创造竞争优势。

　　人事档案信息涉及个人敏感数据，如果管理不善，就可能对员工个人及组织利益造成严重损害。因此，本书特别探讨了信息安全技术、风险评估方法及隐私保护法律框架，并结合具体案例剖析如何建立健全人事档案的安全管理制度与流程，为实现高效管理与安全保障提供指导。

人事档案信息的开发与利用不仅是组织部门管理的一部分，也在跨部门协作与社会资源整合中发挥着重要作用。构建信息共享平台，促进部门之间的信息流通，可以有效提升组织的整体运作效率。本书分析了跨部门协作的必要性、挑战及人事档案在跨部门决策中的应用，为实现高效协同提供了理论支持和实践建议。

随着科技的进一步发展，人事档案管理将更加深入地融入企业数字化转型的浪潮之中。区块链技术的引入为人事档案管理的透明性和安全性提供了革命性解决方案，而更为先进的人工智能和数据分析技术将进一步释放人事档案信息的潜能。本书通过对未来趋势的展望和创新应用案例的分析，为人们描绘了人事档案管理的美好蓝图，并激励更多从业者积极探索这一领域的新可能性。

目 录

第一章 人事档案的基本概念与重要性 ·· 1
 第一节 人事档案的定义与构成 ··· 1
 第二节 人事档案的作用 ·· 3
 第三节 人事档案与社会管理 ·· 4

第二章 人事档案信息的收集与整理 ·· 8
 第一节 人事档案信息的来源 ·· 8
 第二节 人事档案信息的标准化与规范化 ······························· 14
 第三节 人事档案信息的整理 ·· 18
 第四节 人工与自动化整理方式的结合 ······································ 26

第三章 人事档案数据的存储与管理 ··· 30
 第一节 人事档案存储技术 ··· 30
 第二节 人事档案管理系统的架构设计 ······································ 34
 第三节 人事档案数据的有效管理与检索 ··································· 43
 第四节 数字化管理与人工管理的结合 ······································ 45

第四章 人事档案的数据分析与决策支持 ····································· 47
 第一节 人事档案数据分析的基本方法 ······································ 47
 第二节 利用人事档案数据优化人力资源决策 ·························· 52
 第三节 人事档案数据对组织战略的支持 ································· 54
 第四节 风险管理与人事档案数据分析 ······································ 56

第五章 人事档案信息的安全管理与隐私保护 ······························ 61
 第一节 人事档案信息安全的重要性 ··· 61
 第二节 技术手段的安全防护 ··· 63
 第三节 隐私保护的法律框架 ··· 66
 第四节 企业人事档案安全管理制度与流程 ································ 68

第六章 人事档案的合法性与合规性管理 ····································· 73
 第一节 人事档案的合规管理要求 ·· 73
 第二节 人事档案合规管理的监督与检查 ··································· 76

第七章　人事档案信息的智能化 ·· 81
第一节　智能化管理的概念与优势 ··· 81
第二节　人工智能在人事档案管理中的应用 ····························· 83
第三节　大数据与云计算技术在人事档案管理中的应用 ·············· 87
第四节　智能化管理的挑战与对策 ··· 90

第八章　人事档案信息的质量管理 ·· 96
第一节　人事档案信息质量的标准与要求 ································ 96
第二节　质量管理体系的建立 ··· 101
第三节　数据质量问题的检测与纠正 ···································· 105

第九章　人事档案信息的保密性与安全管理 ································ 109
第一节　人事档案信息的保密性管理原则 ······························ 109
第二节　人事档案信息的安全风险评估 ································· 110
第三节　信息安全技术的应用 ··· 114
第四节　人事档案信息泄露的应急处理与后续追责 ·················· 116

第十章　人事档案的跨部门协作与共享 ······································ 120
第一节　跨部门协作的必要性与挑战 ···································· 120
第二节　人事档案在跨部门决策中的应用 ······························ 124
第三节　组织内人事档案信息共享平台建设 ·························· 126
第四节　人事档案信息共享中的安全与隐私保障 ···················· 129

第十一章　未来人事档案信息的创新应用 ··································· 132
第一节　未来人事档案管理的技术发展 ································· 132
第二节　人事档案与企业数字化转型的深度融合 ···················· 133
第三节　人事档案信息的创新应用案例分析 ·························· 138

参考文献 ··· 141

第一章 人事档案的基本概念与重要性

第一节 人事档案的定义与构成

一、人事档案的定义

人事档案，又称员工档案或个人档案，是指一个组织或机构为了管理员工而建立的，包含员工个人基本信息、教育背景、工作经历、技能培训、奖惩记录等的一系列文件和记录。这些档案通常用于员工的招聘、培训、晋升、调动、离职等人力资源管理活动，同时也是员工职业生涯发展的重要参考。

二、人事档案的构成

（一）个人基本信息

员工的个人基本信息是人事档案的核心，这些信息构成了档案的基础框架，为进一步的管理和评估提供了必要的个人背景。这部分信息包括员工的个人资料，如姓名、性别、出生日期、身份证号码和联系方式等，这些信息有助于识别和确认员工的身份。同时，联系方式确保了组织在需要时能够与员工进行有效的沟通。

家庭背景的记录也是人事档案中不可或缺的一部分。这包括员工的家庭成员构成、家庭住址以及婚姻状况等信息。这些信息有助于组织了解员工的家庭环境，这在某些情况下对于员工的福利计划、紧急工作安排以及工作与家庭平衡的支持措施等方面都是非常重要的。例如，在员工需要紧急休假或遇到家庭紧急情况时，这些信息能够帮助人力资源部门迅速做出响应。

（二）教育背景

人事档案中的教育背景部分详细记录了员工的学历信息，涵盖了他们的毕业院校、所学专业、获得的学位以及具体的毕业时间。这些信息在招聘和晋升过程中，可以帮助组织判断员工是否符合特定的职位要求。

除了学历信息，成绩记录包括员工在校期间的学习成绩、排名情况以及所获得的各种荣誉。这些记录能够反映出员工的学习态度、学术能力和努力程度，对于评估其潜在的工作表现和职业发展潜力具有重要价值。例如，较好的学术成绩和排名表明员工具有较强的分析和解决问题的能力，而荣誉奖项则显示出员工在特定领域的卓越才能或领导潜力。

（三）工作经历

人事档案中的工作经历部分详细记载了员工的职业历史，包括他们曾经担任的职位、工作的具体时间、工作地点以及主要职责。这些信息对于评估员工的工作经验和职业稳定性非常重要，尤其是在招聘和晋升决策中，它们可以帮助组织了解员工是否具备所需的工作经验和适应新职位的能力。

工作表现涵盖了员工的工作业绩、参与的项目成果以及来自客户的评价。这些记录能够直观地反映出员工的工作成效和职业成就，对于评价员工的工作能力和职业发展潜力具有重要意义。例如，出色的工作业绩表明员工具有高效的工作方法和强烈的责任心，而成功的项目成果则显示了员工在团队合作和项目管理方面的能力。客户的评价则能够提供关于员工服务态度和专业技能的第三方视角。

（四）技能培训

人事档案中的技能培训部分记录了员工参与的培训课程、具体的培训时间以及培训后取得的成果。这些信息对于评估员工的专业技能提升和适应新工作要求的能力至关重要。通过培训记录，组织可以了解员工是否积极追求个人成长，以及他们是否具备了完成当前或未来工作所需的技能和知识。

技能证书的记录则进一步强化了员工专业资质的证明。这包括员工获得的各种专业资格证书和技能等级证书，这些证书不仅证明了员工在特定领域的专业水平，也反映了他们在职业生涯中的成就。例如，某些行业可能要求特定的认证，如医疗行业的执业医师证书或IT行业的专业认证，这些证书对于确保员工符合行业标准和法规要求非常重要。

（五）奖惩记录

奖惩记录在人事档案中占据着重要的位置，它直接反映了员工在工作期间的行为表现和职业操守。奖励记录详细记载了员工获得的各种荣誉、奖金以及晋升情况，荣誉和奖金的记录能够展示员工在特定领域或项目中的卓越贡献，而晋升记录则反映了员工职业发展的轨迹和组织对其能力的认可。

与奖励记录相对的是惩罚记录，它记录了员工违反企业规定或工作失误的情况。通过惩罚记录，组织可以追踪员工的行为问题，采取相应的纠正措施，并作为未来人事决策的参考。

（六）健康档案

健康档案详细记录了员工的健康状况和医疗历史，包括定期体检的结果、员工的健康记录。这些记录有助于组织追踪员工的健康趋势，评估工作场所的安全状况，并为员工提供必要的医疗支持和康复资源。例如，长期病假记录可以让人力资源部门了解员工的缺勤情况；而工伤记录则能够揭示工作环境中的潜在风险，促使组织采取措施改善工作条件，预防未来的工伤事故。

（七）离职记录

离职记录详细记载了员工离职的相关信息，包括离职的具体原因以及离职时所办理的手续和工作交接情况。这些记录不仅帮助人力资源部门了解员工离职的动因，还能评估离职流程的效率和完整性。

通过分析员工离职的直接信息，包括个人职业发展、工作环境、薪酬福利、健康问题或其他个人因素，组织可以识别内部管理的不足之处，从而采取改进措施，比如优化工作环境、调整薪酬结构或改善员工关系，以降低未来员工流失率。

员工离职时的行政和工作流程，包括文件的移交、资产的归还、财务结算以及工作职责的交接等，有助于确保离职过程的顺利进行，减少因交接不当导致的业务中断或信息丢失。同时，完善的离职手续也是维护双方权益的重要环节，它确保员工得到应有的离职补偿和福利，同时也保护企业免受未妥善交接可能带来的风险。

第二节 人事档案的作用

一、依据作用

人事档案在组织和机构中为决策者提供了一个全面了解候选人背景、能力和潜力的窗口，是实现知人善任、选贤举能目标的重要工具。

人事档案详细记录了个人的教育背景、工作经验、专业技能和成就，这些信息对于评估候选人是否适合特定职位至关重要。通过档案中的信息，组织可以了解候选人的专业素养、工作表现和职业发展轨迹，从而做出更加精准的人才选拔决策。

二、凭证作用

人事档案在执行党的政策和政治审查中提供了个人历史和行为的记录，确保了政策落实和个人问题处理的准确性与公正性。这些档案记录了个人的政治立场、思想表现、工作实绩和道德品行等关键信息，为组织提供了评估和决策的可靠依据。

在政治审查过程中，人事档案中的信息有助于确定个人是否符合党的政策要求，是否具备良好的政治素质。档案中记录的个人历史和行为表现，可以作为评估其政治可靠性和忠诚度的重要参考。这些记录有助于组织在选拔干部、晋升评定和重要岗位任命时，确保人选在政治方面合格。

第三节　人事档案与社会管理

人事档案与社会管理是两个紧密相关的概念，它们在维护社会秩序、促进社会和谐方面发挥着重要作用。

一、社会管理的定义与内容

社会管理是一个涉及多个层面和领域的复杂概念，指的是党委和政府以及其他社会主体运用法律、法规、政策、道德、价值等社会规范体系，对社会领域各方面、各环节进行服务、协调、组织、监控的过程和活动。其根本目的是维护社会秩序、促进社会和谐，基本任务包括协调社会关系、规范社会行为、解决社会问题、化解社会矛盾、促进社会公正、应对社会风险、保持社会稳定等。

社会管理的内容广泛，涉及社会发展的各个方面。具体来说，社会管理包括确定社会发展目标、制订社会计划以及保证其顺利实施的手段和措施，进行社会预测、社会决策；沟通和协调社会活动、社会关系，进行社会控制，提供社会保障。社会管理还涉及社会资源的合理有效配置，包括教育、文化、卫生、民政、体育、劳动社保等领域，以及公安、司法、安全、社团管理、安全生产等社会安全和社会稳定领域。

二、人事档案与社会管理的关系

人事档案与社会管理关系密切，它们相互依存、相互促进。人事档案作为记录个人职业发展的重要资料，为社会管理提供了基础数据和信息支持。这些数据和信息是社会管理决策的重要依据，有助于管理者全面了解员工的个人经历、业务技术水平和工作表现，从而在人力资源规划、人员管理决策和人才管理等方面做出更加科学合理的决策。

人事档案的完整性和准确性对于社会管理的有效性至关重要。它们不仅关系到个人的职业生涯发展，也关系到组织和社会的稳定与发展。通过人事档案，管理者可以对个人进行准确的评价和定位，为社会管理提供可靠的人才支持。此外，人事档案还是社会信用体系的重要组成部分，它记录了个人的信用历史，对于维护社会秩序、促进社会和谐具有重要作用。

三、人事档案在社会管理中的应用

人事档案在社会管理中的应用是多方面的，它不仅关系到个人的职业生涯发展，也是社会管理的重要组成部分。

（一）人力资源规划

人事档案是企业进行人力资源规划的重要依据。它详细记录了员工的教育背景、工作经验、技能水平以及工作业绩等关键信息。企业可以利用这些信息，深入分析员工的能力和潜力，进而制订出符合企业战略目标的人力资源计划。通过对人事档案的细致分析，企业能够识别出员工的优势和劣势，合理分配人力资源，确保每个岗位都能找到最合适的人选。人事档案还能帮助企业预测未来的人力资源需求，提前制订招聘和培训计划，以应对市场变化和企业发展的需要。

（二）人才管理

人事档案是企业人才管理的核心工具，它详细记录了员工的职业发展轨迹和成就。企业通过人事档案能够深入了解员工的专业技能、工作表现和个人发展需求，这对于构建和维护一个高效的人才供应链至关重要。利用这些信息，企业可以设计个性化的培养计划，选拔合适的人才担任关键职位，并合理调配人力资源，以满足不同阶段的业务需求。

人事档案还有助于企业实施激励机制，通过表彰优秀员工和提供职业发展机会，激发员工的工作热情和创造力。这种对人才的重视和投资，不仅能够提高员工的忠诚度，还能促进企业文化的建设，为企业的持续发展奠定坚实的人才基础。

（三）法律要求

人事档案不仅是企业处理员工相关问题的法律依据和凭证，而且在劳动争议中，人事档案能够作为解决纠纷的重要证据。根据法律规定，用人单位有责任妥善、完整地保管劳动者的档案，并按规定转移档案。如果档案丢失，就会导致员工无法享受相应待遇，因此企业遗失员工人事档案需要承担相应的赔偿责任。

《干部人事档案工作条例》（以下简称《条例》）明确指出，干部人事档案是教育培养、选拔任用、管理监督干部和评鉴人才的重要基础，是维护干部人才合法权益的重要依据，属于党和国家所有。《条例》还强调了干部人事档案的真实性、完整性、可用性、安全性。在档案管理过程中，任何违法行为，如丢失、篡改、损毁、伪造档案或擅自销毁档案，都将承担法律责任。

（四）社会服务

人事档案是社会服务中不可或缺的一部分，它直接关联到政府如何满足公民的基本需求。这些档案包含了公民的养老保险、医疗保险等关键信息，对于社会保障体系的有效运作至关重要。政府利用人事档案中的详细信息，能够精准地识别公民的社会保障需求，并据此提供相应的服务和福利。例如，人事档案可以帮助政府确定哪些公民有资格获得养老金、失业救济或其他社会援助。

这些信息还有助于政府监控和调整社会保障政策，确保资源的合理分配和社会福利的公平性。

（五）信息化管理

信息技术的进步极大地推动了人事档案管理的现代化。通过信息化系统，人事档案的存储、检索和更新变得更加高效和便捷。这些系统能够实时记录员工的职务变动、工作经历等关键信息，为管理层提供了丰富的数据资源，从而支持更加科学的决策制定。

信息化管理不仅提高了人事档案的可访问性和处理速度，还增强了数据的安全性和保密性。通过严格的权限管理和访问控制，只有授权人员才能访问敏感信息，这有助于防止数据泄露和滥用。信息化系统还能够自动检测和报告异常活动，进一步加强了对人事档案的监管。

（六）纪律和监督

在纪律和监督方面，人事档案有着严格的规定。《条例》对此进行了明确的规定，提出了"十一严禁"的纪律要求，这些要求涵盖了从严禁篡改、伪造干部人事档案到严禁泄露档案内容等一系列行为。这些纪律要求旨在确保人事档案的真实性、完整性和安全性，为干部的选拔任用提供准确的信息支持。

在监督方面，《条例》规定了党委（党组）及其组织人事部门、纪检监察机关、巡视巡察机构等的监督职责，构建了一个全方位、多维度的监督体系。这个监督体系不仅包括上级监督和内部监督，还涵盖了自我监督和社会监督，确保人事档案管理工作的透明度和公正性。

对于违反规定和纪律的行为，《条例》也明确了追责机制。根据情节轻重，相关人员会受到批评教育、组织处理或党纪政务处分，并视情况追究责任。如果涉嫌违法犯罪，将按照国家法律法规进行处理。

第二章 人事档案信息的收集与整理

第一节 人事档案信息的来源

人事档案信息的来源是多元化和多渠道的，以确保人事档案的完整性和准确性。以下是人事档案信息的主要来源。

一、组织、人事部门

组织和人事部门是人事档案信息收集和管理的核心机构。它们负责收集、整理、保管和利用人事档案，确保档案信息的完整性和准确性。

（一）个人履历表和简历表

个人履历表和简历表构成了人事档案的核心部分，它们详细记录了个人的基本信息、教育经历和职业历史。这些信息对于确保人事档案的准确性和完整性至关重要，它们不仅为个人职业规划提供依据，也为组织在决策时提供重要参考。组织和人事部门必须严格审核这些信息，确保其真实性和有效性。通过这些记录，组织能够了解员工的专业技能、工作表现和发展潜力，进而为员工的晋升、培训和岗位调整提供决策支持。

（二）考查考核材料

考查考核材料是人事档案中的重要组成部分，其反映了员工在一定时期内的工作业绩和职业发展情况。组织和人事部门通过定期的考查和考核程序，全面评估员工的业务水平、工作态度和职业行为。这一过程涉及对员工完成任务的能力、团队合作精神、创新思维以及领导力等多个维度的评价。考核结果不仅为员工的个人发展提供反馈，也是决定员工职位晋升、工作调动以及奖惩分配的关键因素。这些材料被正式记录并保存在人事档案中，为未来的人事决策提供翔实的参考依据。

（三）专业技术资格（职称）和职业资格

专业技术资格（职称）和职业资格是衡量个人专业水平和能力的重要标准。专业技术资格，通常称为职称，是专业技术人员学术技术水平的标志，代表着一个人的学识水平和工作实绩。职称不仅关系到个人的工资福利和职务升迁，也是求职和聘任专业技术职务的依据。职业资格则包括从业资格和执业资格，从业资格是从事某一专业学识、技术和能力的起点标准，而执业资格则是政府对某些责任较大、社会通用性强、关系公共利益的专业实行准入控制的标准。

组织和人事部门在这一过程中负责收集、验证这些资格认证材料，确保员工的专业资格得到官方认可。

（四）辞职、辞退、罢免材料

在出现员工辞职、辞退和罢免事宜时，组织和人事部门负责收集和整理与这些行为相关的所有文件和资料，以维护人事档案的完整性和准确性。这些材料包括但不限于辞职申请书、辞退通知书、罢免决议等，它们详细记录了员工离职的原因、时间和相关程序。

辞职材料通常涉及员工主动提出离职的申请，包括个人原因、职业规划或其他个人决定。辞退材料则记录了因员工违反企业规定、工作表现不佳或其他原因被企业解雇的情况。罢免材料则涉及因员工严重失职或违法行为而被解除职务的情况。

这些材料的收集和整理对于维护企业的人力资源管理秩序、处理劳动争议以及为可能的法律诉讼提供证据都至关重要。它们不仅帮助组织了解员工离职的具体情况，也为未来的人力资源规划和政策调整提供数据支持。

二、党、团组织和政府机关

党、团组织和政府机关负责收集和保管与个人政治身份和荣誉相关的一系列重要材料。这些材料不仅反映了个人的政治面貌和政治表现，也是评价个人政治素质和道德品质的重要依据。

（一）入党志愿书

入党志愿书标志着个人政治生活的开始，其详细记载了申请加入中国共产党时的个人情况和内心想法。这些文件不仅包括了申请者的基本信息、家庭背景、教育和职业经历，还涵盖了他们对党的理解和加入党的动机。这些材料是衡量个人政治立场和忠诚度的关键，它们展示了申请者的政治信仰和对党的承诺。通过这些文件，组织能够深入了解申请者的政治素质和思想状态，这对于评估其是否符合党员的标准至关重要。

（二）表彰奖励材料

表彰奖励材料是个人在专业领域和社会活动中的卓越表现的见证。这些材料包括由不同层级政府及组织授予的荣誉证书、奖状和奖杯等，它们不仅是对个人成就的认可，也是对其社会贡献的肯定。这些荣誉不仅是对个人过去努力的肯定，也是对其未来潜力的一种期待和鼓励。它们激励着个人保持高标准的工作表现，并继续为社会做出更大的贡献。

（三）政治学习和培训材料

政治学习和培训是提升个人政治理论水平和政治素养的重要途径。党、团组织及政府机关在人事档案中详细记录了个人参与政治学习和培训的情况，包括党课学习记录和政治培训证书等。这些文件不仅证明了个人参与政治教育的经历，还展示了他们在理解和应用政治理论方面的进步。

这些材料可以评估个人对党的政策、方针和政治理论的掌握程度，以及其在政治思想和行动上与党的路线保持一致的能力。这些记录是衡量个人政治成熟度和发展潜力的关键指标，对于确定其是否适合担任更高职务或参与更高层次的政治活动至关重要。

（四）党纪处分和组织处理材料

党纪处分和组织处理材料是记录党员违反党纪行为及其相应处理结果的重要文件。这些材料详细记载了党员受到的纪律处分，包括警告、严重警告、撤销党内职务、留党察看、开除党籍等不同程度的处分。它们是衡量党员纪律性和对组织纪律遵守情况的重要依据。

这些记录不仅反映了党员在特定情况下的行为失范，也显示了党组织对违纪行为的处理态度和执行力度。这些材料可以评估党员是否能够严格遵守党的纪律，以及其在面对错误时的改正态度和行为。

三、人大常委会、政协等有关部门

人大常委会、政协等有关部门承担着收集和记录人大代表和政协委员相关材料的重要职责。这些材料不仅涉及选举过程中的登记表，还包括履职记录等，对于评估个人的政治参与度和政治影响力具有重要作用。

人大代表登记表是记录当选代表基本信息的重要文件，它包括代表的姓名、性别、年龄、民族、学历、职业、工作单位等个人资料，以及当选的届次和代表资格的确认等信息。这些信息有助于了解代表的背景和代表性，是代表履职的基础资料。

政协委员登记表则记录了政协委员的基本情况，包括委员的个人信息、所属党派或团体、专业领域等。政协委员登记表还可能包括委员的界别和参政议政的经历,这些信息有助于了解委员的代表性和在政协中的作用。

除了登记表,有关部门还负责收集人大代表和政协委员的履职记录。这些记录包括代表和委员在会议期间的发言、提案、表决等情况,以及闭会期间的调研、视察、执法检查等活动。履职记录不仅反映了代表和委员的工作积极性和履职能力,也是评价其政治参与度的重要依据。

四、科技、业务部门

科技和业务部门负责收集和记录个人在业务和技术领域的成就和贡献。这些材料不仅反映了个人的专业技能和创新能力,也是评估个人职业发展和技术晋升的重要依据。

(一)业务能力材料

业务能力材料是评估个人专业技能和工作表现的重要依据。这类材料涵盖了个人在业务执行过程中所撰写的各类文档,如业务报告、项目总结、工作计划以及执行的具体成果。这些文档详细记录了个人在特定业务领域内的操作技能、专业知识的应用以及面对问题时的解决策略,从而展现了其专业水平和业务熟练度。

业务能力材料还包括个人参与业务竞赛或考核的结果,这些活动能够进一步证明个人的专业能力和竞争力。业务部门出具的工作表现评价也是业务能力材料的一部分,它们通常包含对个人工作态度、团队合作精神以及创新能力等方面的综合评价。

(二)技术发明材料

技术发明材料是体现个人在科技领域创新成果的重要文件,其详细记录了个人在技术革新和发明创造方面的成就。这类材料包括但不限于个人获得的专利证书,这些证书不仅是技术创新的官方认证,也是个人智慧和努力的结晶。技术发明奖和科技创新成果等荣誉,进一步印证了个人在推动科技进步和解决技术难题中的关键作用。

这些材料不仅凸显了个人的科研实力,也反映了其创新思维和解决问题的能力。它们是评价个人科研水平和创新潜力的关键指标,对于职业发展和技术领域的晋升尤为重要。在技术密集型行业,这些成就往往是衡量专业人才竞争力的重要标准。

(三)技术职务评定材料

技术职务评定材料是个人专业技术资格和职业发展的关键文件,其详细记录了个人在职称评审和认定过程中的各项信息。这些材料包括个人提交的职称申报表,其中详细列出了申请者的教育背景、工作经验、专业成就等关键信息。职称评审委员会对申报材料进行严格评审后,出具评审意见,这些意见综合考量了申请者的专业技能、工作业绩和道德品质,是职称评定的重要参考。

通过评审的个人将获得职称证书,这是对其专业技术资格的官方认证。职称证书不仅是个人专业能力的权威证明,也是其在职场竞争中的重要优势。它有助于个人在技术领域内获得更多的发展机会,比如晋升、加薪或承担更重要的项目。

（四）技术成果评定材料

技术成果评定材料是个人在科研和技术工作中取得成就的直接证明,其详细记载了个人参与科研项目的成果和贡献。这些材料包括科研成果报告、项目验收报告以及科技奖励证书等,它们不仅展示了个人在科技领域的专业能力和创新成果,也是衡量其科研水平和技术实力的重要参考。

科研成果报告详细阐述了研究项目的背景、目标、方法、结果和意义,反映了个人在项目中的具体工作和贡献。项目验收报告则证明了项目的成功完成和成果的实用性,显示了个人在项目管理和技术实施方面的能力。科技奖励证书是个人科研成果得到认可的荣誉证明,它们代表了个人在科技创新和应用中取得的显著成就。

科技和业务部门通过收集这些材料,为个人的专业技术发展提供了翔实的记录。这些记录不仅对个人的职称评定、职务晋升和技术奖励有直接影响,也为组织的人力资源规划和人才选拔提供了重要参考。通过这些材料,组织可以更好地了解员工的专业特长和发展潜力,从而做出更合理的人事安排和培养计划。

五、教育机构

教育机构在人事档案管理中负责收集和记录个人在教育过程中形成的学历、学位以及学习成绩等材料。这些材料是评估个人教育背景和学术成就的重要依据,对于个人的就业、职业发展以及社会评价都具有深远的影响。

（一）学历和学位材料

学历和学位材料构成了个人教育资历的基石,它们涵盖了由各类教育机构如大学、党校、技术学院、成人教育和自学考试等颁发的毕业证书与学位证书。这些官方文件是个人完成既定教育课程并达到一定学术标准的证明,它们不仅标志着个人在学术上所取得的成就,也是对其专业知识和技能的一种权威认可。

这些材料对于个人的职业生涯至关重要,它们不仅证明了个人所受教育的深度和广度,而且在求职、晋升以及其他职业发展机会中发挥着重要作用。学历和学位证书作为个人专业资格的官方凭证,有助于建立个人在职场中的信誉和形象,同时也是评价其潜在能力和未来发展潜力的重要参考。

（二）学习成绩材料

学习成绩材料是个人学术历程中的关键证明,其包括成绩单和成绩表等,全面记录了个人在各个学科的得分和排名情况。这些文件不仅展示了个人对知识的掌握和理解,还体现了其学习态度和学术潜力。从这些成绩记录中,可以直观地了解个人在不同学科领域的表现和进步,为评估其学习成效提供了直接的量化数据。

学习成绩材料对于个人的教育和职业道路具有深远的影响。它们不仅是衡量个人学术成就的重要标准,也是升学、求职乃至职业晋升过程中的关键参考。在竞争激烈的学术和职场环境中,优秀的学习成绩能够增加个人的竞争力,为其打开更多的机会之门。这些材料还能帮助教育机构和组织更好地了解申请者的学术背景和能力水平,从而做出更为合理的选拔和培养决策。

（三）学生登记表和毕业生登记表

学生登记表和毕业生登记表是教育机构用于记录学生基本信息和学习历程的重要文档。这些表格详尽地包含了学生的个人资料,如姓名、性别、出生日期、籍贯以及教育背景等关键信息,为学校提供了对学生身份和管理的必需信息。它们不仅用于日常的学生管理工作,还有助于教育机构对学生进行个性化服务和教育规划。

毕业生登记表进一步记录了学生完成学业后的去向,包括就业、继续教育或其他职业道路的选择。这些信息对于教育机构来说有助于了解学生的毕业成果,还能为追踪毕业生的职业发展和学术成就提供基础数据。通过这些数据,教育机构可以评估教育质量,优化课程设置,提高教育服务的有效性。

六、部队有关部门

（一）地方干部兼任部队职务的审批材料

地方干部兼任部队职务时,必须遵循严格的审批程序,以确保其符合相关政策和条件。这一过程中产生的审批材料,如干部任免审批表、政治审查材料和预备役军官登记证明等,记录了干部的任命过程和职责界定,还明确了其在部队中的职务等级，为评估干部的资格和适应性提供了翔实的依据。

干部任免审批表详细记载了干部的个人信息、工作经历和拟任职务等关键信息，是干部任命的正式文件。政治审查材料则涉及干部的政治背景和立场，确保其政治上的可靠性。预备役军官登记证明则证实了干部在预备役体系中的地位和身份。这些材料共同构成了评估干部是否适合兼任部队职务的完整档案，对于维护部队的组织纪律和确保干部队伍的质量具有重要意义。

（二）复员和转业军人的档案材料

复员和转业军人的人事档案是记录其军事生涯和退役后安置的重要文件，由部队和民政部门共同负责管理。这些档案详细记载了军人从入伍开始的整个军旅生涯，包括入伍通知书、军衔晋升记录、职务变动文件、党团关系介绍信以及士官资格证明等关键材料。

这些文件不仅反映了军人在服役期间的表现和成就，也是评估其退役后适合从事何种工作的重要依据。入伍材料证明了军人加入军队的时间和条件，军衔和职务晋升材料展示了其在军队中的发展历程，而党团材料则体现了军人的政治表现和组织关系，士官材料则详细记录了士官的选拔、培训和任职情况。

这些档案材料为民政部门提供了军人退役安置的详细信息，帮助制订个性化的退役计划，确保军人能够顺利复员，并在新的工作岗位上发挥其专长。

第二节　人事档案信息的标准化与规范化

人事档案信息的标准化与规范化是确保人事档案管理科学化、制度化、规范化的重要手段。在当前信息化快速发展的背景下，人事档案信息的标准化与规范化显得尤为重要。

一、人事档案信息标准化的必要性

人事档案信息标准化是提高人事档案管理效率和质量的关键。它不仅有助于确保信息的一致性和可比性，而且便于信息的共享和利用。在当前信息化快速发展的背景下，人事档案信息标准化显得尤为重要。通过标准化，可以为人力资源规划和管理决策提供准确的数据支持，从而提高决策的科学性和有效性。

标准化的人事档案信息能够确保在不同地区、不同部门之间的信息整合和互联共享平台的构筑，这对于区域之间、行业信息资源的整合至关重要。标准化的人事档案信息还有助于提升档案工作的效率,通过系统谋划、科研赋能等举措,提升政务服务事项电子文件归档和电子档案管理水平。

二、人事档案信息规范化的措施

（一）数字化建档

数字化建档的核心在于将传统的纸质档案通过扫描等技术手段转化为数字图像和数字文本,这不仅提高了档案工作效率,还保护了原始纸质档案,避免了因频繁查阅而导致的破损或遗失。

数字化建档的实施需要严格遵循国家相关技术标准,组织人事部门及其干部人事档案工作机构在数字化过程中应规范档案目录建库、档案扫描、图像处理、数据存储、数据验收、数据交换、数据备份、安全管理等基本环节,以保证数字档案的真实性、完整性、可用性、安全性,并确保数字档案与纸质档案的一致性。这一过程涉及对纸质档案的扫描加工,形成有效的数字图像和文本,从而实现档案的数字化管理。

全面推进人事档案数字化建设是提高干部人事档案管理工作效率,更好地为干部人事工作和企业发展提供全方位、更准确、更快捷服务的现实需要,也是适应信息化社会发展和推进干部人事管理工作改革创新的需要。

（二）标准化审档

标准化审档的核心在于建立一套科学、规范的审核流程。这一流程要求审核人员不仅要具备专业的知识和技能,还要有高度的责任心和细致的工作态度。在初审阶段,审核人员需要对档案中的每一份材料进行仔细检查,包括但不限于个人基本信息、教育背景、工作经历等,确保所有信息的完整性和一致性。复审阶段则是对初审结果的再次确认,以确保初审过程中没有遗漏或错误。

对于在审核过程中遇到的疑难问题,需要采取集体会审的方式进行解决。这意味着多个审核人员共同讨论,集思广益,以达成共识,确保疑难问题得到妥善处理。这种集体会审的方式有助于提高审核的公正性和准确性,同时也能够提高审核工作的效率。

标准化审档还包括对档案信息的定期核查和更新。随着时间的推移,个人的信息可能会发生变化,如职务变动、学历提升等。因此,定期对档案信息进行核查和更新是保持档案信息真实性和准确性的必要措施。

（三）科学化用档

科学化用档是人事档案管理中的重要环节,它涉及如何高效、安全地利用档案信息以支持组织决策和人力资源管理。

在科学化用档的过程中，需要构建一个全面的数字台账系统，这个系统能够详细记录每位干部的个人资料和职业发展路径。这样的系统不仅提高了档案的可访问性，还增强了信息的安全性，确保只有授权人员才能访问敏感的人事档案信息。通过建立干部人事档案台账，可以将干部任免、转任、职级晋升等关键信息数字化，从而实现档案信息的快速检索和使用。

科学化用档包括对档案信息的智能分析和处理。通过使用先进的数据分析工具，可以从档案数据中提取有价值的信息，为人力资源规划、人才选拔和绩效评估提供决策支持。这种分析可以帮助组织更好地理解员工队伍的结构和动态，以及预测未来的人力资源需求。

为了确保档案信息的实时更新和准确性，科学化用档还要求建立一个动态的档案更新机制。这意味着任何关于干部的最新变动，如职位调整或业绩评估，都应迅速反映在档案台账中，以保证信息的时效性和准确性。

科学化用档还强调了档案信息的共享和协作。通过建立跨部门的信息共享平台，可以促进不同部门之间的沟通和协作，提高工作效率。这种共享机制有助于打破信息孤岛，确保组织内部的每个人都能访问到他们需要的信息。

科学化用档还涉及对档案信息的保密和隐私保护。在利用档案信息时，必须遵守相关的法律法规，确保个人隐私不被侵犯。这要求档案管理系统具备强大的安全措施，如数据加密、访问控制和审计追踪，以防止数据泄露和滥用。

三、人事档案信息标准化与规范化的具体内容

（一）人事档案的分类与信息管理

人事档案信息的标准化与规范化是企业管理中的一项基础工作，它涉及如何将人事档案进行科学分类和有效管理。企业可以根据自身业务特点和需求，设计出一套符合自身实际情况的人事档案模板，包括分类结构、信息属性、文件目录和正文格式等，以实现人事档案的标准化管理。

在分类结构上，企业应根据员工的不同属性，如部门、职位、工作性质等，建立相应的分类体系。这样的分类体系有助于快速定位和检索档案，提高档案管理的效率。同时，企业还应明确各类档案的具体内容和要求，包括员工的基本信息、教育背景、工作经历、培训记录、绩效评估等，确保档案信息的完整性和系统性。

信息属性方面，企业需要对人事档案中的各类信息进行标准化定义，明确每项信息的采集标准、更新周期和使用权限。这有助于确保信息的一致性和准确性，避免因信息理解差异而导致的管理混乱。

文件目录的标准化则涉及档案文件的命名规则、存储路径和检索方式。企业应制定统一的文件命名和存储规范，以便于档案的电子化管理和快速检索。同时，企业还应建立档案的电子索引系统，提高档案检索的效率和准确性。

正文格式的标准化则是指档案正文的书写规范，包括字体、字号、行距、页边距等。这有助于提高档案的可读性。

（二）人事档案的筛选及汇总格式

在人事档案管理中，筛选及汇总格式的标准化是提高工作效率和信息利用效率的关键。通过配置统一的筛选和汇总格式，可以确保档案数据的快速导出和有效利用。这种标准化的设置允许管理人员根据需要随时提取和分析档案信息，无论是生成专业的档案表格还是进行统计分析。

预设筛选条件的功能使得管理人员能够根据特定的需求，如职位、部门或业绩等，快速获取相关的人事档案目录。这种定制化的筛选机制不仅节省了时间，还提高了信息检索的精确度。通过这种方式，管理人员可以轻松地找到特定员工的档案，或者对某一群体的员工档案进行批量处理。

标准化的汇总格式允许管理人员根据不同的需求，选择不同的预设模板来导出档案数据。这些模板包括各种统计表格、报告表格等，它们都是根据企业的具体需求和行业标准定制的。使用这些模板，管理人员可以快速生成所需的报告和表格，而无须从头开始设计格式，大大提高了工作效率。

（三）人事档案的利用管控

通过实施细粒化的权限管理，可以有效地控制对人事档案的访问，确保只有授权的组织或个人能够访问特定的档案信息。这种权限管理策略不仅保护了个人隐私，也防止了未经授权的信息泄露，从而维护了企业的安全和声誉。

在实际操作中，每个档案分类都可以根据其敏感性和重要性设置不同的访问权限。例如，员工的个人基本信息、薪酬记录和绩效评估等敏感信息可能只对人力资源部门和直接上级开放，而其他非敏感信息则可以对更广泛的员工开放。通过这种方式，可以确保信息的合理流通，同时防止信息滥用。

授权对象可以是组织架构中的特定部门或具体用户，这意味着权限设置可以非常具体和灵活。例如，可以为特定的项目团队设置访问权限，以便他们能够访问与项目相关的员工档案，而不涉及其他无关信息。这种细致的权限管理有助于提高工作效率，同时确保信息安全。

权限管理还应包括对档案访问的监控和审计。通过记录和分析档案访问日志，可以及时发现和处理任何异常访问行为，从而防止潜在的信息泄露或滥用。这种监控和审计机制是维护档案安全的重要组成部分，也是企业合规管理的重要手段。

第三节 人事档案信息的整理

人事档案信息的整理是一项系统性工作，它涉及对员工信息的收集、分类、存储和更新等多个环节。以下是人事档案信息整理的一些方法和步骤。

一、准备阶段

（一）明确整理目标和要求

在进行人事档案整理之前，明确整理的目标和要求是至关重要的一步。这不仅涉及了解企业对人事档案的具体要求，比如需要收集哪些材料、材料的格式和标准等，还包括对档案整理的最终目的有一个清晰的认识。档案整理的目标是为了确保信息的准确性、完整性和可检索性，同时也是为了保护员工的个人隐私和企业的机密信息。

需要收集的人事档案材料包括但不限于员工的履历材料、教育培训情况、工作经历材料以及奖惩材料等。这些材料的收集需要根据企业的实际情况和需求来进行，以确保档案的全面性和实用性。

对于收集到的材料，需要进行严格的审核和鉴别。这包括检查材料的真实性、准确性和规范性，比如是否有缺失的签字或盖章，并补齐。同时，也需要判断材料是否符合归档的要求，比如材料是否齐全、文字是否清楚、内容是否真实、填写是否规范、手续是否完备。

对于档案材料的整理，还需要考虑到材料的分类和排序。这一步骤是为了确保档案的有序性和易于检索。

明确整理目标和要求还涉及对档案整理流程的规划。这包括确定档案整理的时间表、责任分配以及预期成果，确保档案整理工作的顺利进行。

（二）收集必要的工具和材料

在人事档案整理过程中，收集必要的工具和材料是基础工作，它决定了档案整理的质量和效率。以下是需要准备的关键材料和工具：

履历材料是人事档案的重要组成部分，它包括员工履历表、简历表以及各类登记表。这些材料能够反映员工的个人背景和经历，对于评估员工的资历和能力至关重要。

教育培训情况的记录也是必不可少的，这包括员工的学历学位证书、职业资格证书、职称评审文件以及参加的各种教育培训的记录。这些材料有助于了解员工的专业发展和培训历史，对于员工的职业规划和晋升具有重要意义。

工作经历材料涵盖了员工的工作履历、岗位变动记录以及工作业绩评估。这些信息有助于追踪员工的职业发展轨迹，评估其工作表现和贡献。

奖惩材料包括员工获得的表彰和处分记录。这些材料能够反映员工的行为表现和职业道德，对于员工的激励和纪律管理具有重要作用。

此外，还需要准备一些工具和设备，如档案盒、标签、装订材料、计算机、扫描仪等，以便于档案的整理、存储和数字化处理。一些辅助工具也是必不可少的，如文件夹、档案夹、标签打印机等，以便于档案的分类和标识。

（三）设立专门的整理工作小组

为了确保人事档案整理工作的顺利进行，需要组建一个专门的工作小组。这个小组应由人事部门主导，同时邀请其他相关部门的代表参与，以确保档案整理工作的全面性和协调性。该小组成员应包括熟悉档案管理流程的专业人员，以及对企业政策和员工情况有深入了解的管理人员。

该小组的主要职责是制订详细的档案整理计划，包括确定整理流程、分配任务、设定时间节点等。同时，他们还需要负责监督整理工作的进展，确保所有档案材料的收集、分类、整理和存储都符合企业的标准和要求。

该小组还需负责培训参与档案整理的工作人员，确保他们了解档案管理的重要性和具体操作方法。在整理过程中，小组成员应定期召开会议，讨论遇到的问题和挑战，并制订相应的解决方案。

（四）制订详细的整理计划

在人事档案整理工作中，制订一个详尽的计划是确保工作有序进行的关键。这个计划需要明确每个阶段的目标，包括时间表、责任分配和预期成果。

时间表的制订要考虑到档案整理的各个环节，从材料的收集、分类、审核到最终的存储和数字化，每个步骤都应有明确的时间节点，以便于监控进度和调整计划。

责任分配是计划中另一个重要部分，需要指派专人负责不同的任务，确保每个环节都有人跟进。这包括确定谁负责收集材料、谁负责审核、谁负责数字化工作等。明确的责任分配有助于提高工作效率,确保每个任务都能按时完成。

预期成果的设定则是为了衡量整理工作的成功与否。这包括档案的完整性、准确性和可检索性。预期成果还应包括对档案安全性的保障措施,以及对档案数字化后的信息共享和备份计划。

(五)建立档案接收和转递机制

在人事档案管理中,建立一个高效的档案接收和转递机制的目的是确保从其他单位转来的档案能够被及时且准确地接收,并且在整个转递过程中保持档案的完整性和保密性。

接收过程需要制定明确的接收流程,包括档案的接收标准、检查程序以及登记制度。这有助于确保接收到的档案符合企业的要求,并且所有档案都能被正确记录和追踪。

转递流程的建立需要考虑到档案的安全性和时效性。这包括制定档案转递的具体步骤,如档案的打包、运输和签收等。同时,还需要确保在转递过程中,档案不被损坏或丢失,并且所有敏感信息都得到保护。

此外,还需要建立一个档案转递的监督和反馈机制,以便于跟踪档案的转递状态,并在出现问题时及时解决。这可以通过定期的检查和审计来实现,确保档案转递流程的合规性和有效性。

二、审核材料

人事档案的审核是确保档案质量的关键环节,它涉及对入档材料的全面检查,以确保每一份材料都是真实、准确和规范的。

(一)材料真实性的审核

人事档案的真实性审核是确保档案信息准确无误的基础。在这一过程中,审核人员必须对材料的来源进行核实,确保所有文件都源自官方或合法渠道。例如,需要验证学历证明是否由相应的教育机构提供,职业资格证书是否由认证机构正式颁发。

同时,审核人员需仔细核对材料中的个人信息,确保这些信息与员工的实际资料完全一致。这涉及姓名、出生日期、身份证号码等关键身份信息的核对,以避免任何可能的错误或混淆。

材料内容的真实性也是审核的重点。审核人员需要对材料中的关键信息,如工作经历和教育背景等,进行细致的验证。这通常需要与员工的实际经历进行对比，以确保材料中记录的信息是准确无误的。

（二）材料准确性的审核

审核人员必须细致检查材料中的关键数据，如日期和数字，确保这些信息在所有相关文件中保持一致性。

审核人员还需对材料中的事实性描述进行核实，这包括工作经历、获奖情况等。这些信息需要与员工的实际经历和企业记录相匹配，以确保档案中记录的内容是真实发生过的。

当发现档案中的信息存在错误或不一致时，审核人员有责任及时进行更正。这不仅涉及单个文件的修正，还要确保所有相关文件中的信息都得到同步更新，以避免信息的不一致性。

（三）材料规范性的审核

在人事档案的整理过程中，规范性审核是确保材料符合既定标准的重要环节。这一过程涉及材料的格式、内容以及完成的必要手续。

格式规范是审核的基础部分，要求材料必须按照企业规定的格式填写。这包括对字体、字号和纸张大小等外观要素的检查，确保所有文档在视觉上保持一致性和专业性。

内容规范要求审核人员确保材料中使用的专业术语和表述方式与企业的标准相一致。这不仅有助于保持档案的专业性和权威性，也便于档案的统一管理和检索。

手续规范涉及材料是否完成了必要的法律和行政手续，如签字和盖章等。这些手续是材料合法性和正式性的重要标志，对于保障档案的法律效力和完整性至关重要。

通过严格执行规范性审核，可以确保人事档案在格式、内容和手续上都达到企业和行业的要求，从而提升档案管理的专业水平和效率。

（四）材料完整性的审核

材料完整性审核在人事档案管理中确保了档案的全面性和无遗漏。这一审核过程首先涉及对照预先制定的材料清单，逐一核对，以保证所有必需的材料都已被收集并且无一遗漏。

一旦发现材料缺失，应立即采取措施，通知相关部门或个人，以便迅速补充缺失部分。这一步骤对于保持档案的连续性和完整性至关重要，因为任何遗漏都可能导致信息不完整，影响档案的利用价值。

同时，对于已经过期或过时的材料，也应及时进行更新。这不仅涉及对旧材料的替换，也包括对档案中信息的及时更新，以确保档案信息的时效性和准确性。更新过时材料有助于保持档案的动态性和相关性，使其能够反映员工的最新情况。

（五）材料法律合规性的审核

在人事档案管理中，法律合规性审核是确保所有材料和流程都符合现行法律法规的关键步骤。这一过程首先要求确保在收集和处理员工个人信息时严格遵守隐私保护法规，防止任何可能的隐私泄露和滥用。

同时，审核必须确保所有档案材料都符合劳动法等相关法律法规的要求。这包括但不限于劳动合同、工作协议、健康和安全记录等，确保企业在法律框架内正确地管理和使用员工档案。

合法使用材料也是法律合规性审核的一部分。这意味着档案材料的使用和传播必须在法律允许的范围内进行，防止任何非法泄露行为。这不仅涉及保护员工的隐私权，也关乎维护企业的法律责任和声誉。

（六）审核流程的记录和反馈

在人事档案审核过程中，审核人员必须建立详尽的审核记录，这些记录应包括审核的日期、负责审核的人员以及审核的具体结果。这样的记录有助于追踪审核进度，也为未来的审核工作提供了参考。

一旦发现审核中存在问题，如信息不一致、材料缺失或不规范等，审核人员需要及时向相关部门或个人反馈，并跟踪这些问题直至得到妥善解决。这种及时的问题反馈机制能够加快问题解决的速度，提高审核工作的效率。

定期编制审核报告也是审核流程中不可或缺的一部分。审核报告应总结一段时间内的审核情况，包括发现的问题、采取的措施以及取得的成果。同时，报告还应提出改进建议，以优化审核流程，提高档案管理的质量。

三、分类整理

人事档案的分类整理是档案管理工作中的一项基础而重要的工作，它不仅关系到档案的规范管理，还直接影响到档案的检索效率和使用便捷性。

（一）分类整理的重要性

人事档案的分类整理有助于维护档案的完整性和系统性。通过合理的分类，可以快速定位到特定员工的档案，提高工作效率，同时也便于档案的保管和保密。

（二）分类整理的标准
1.姓氏首字母

依据员工姓氏的首字母顺序进行档案分类是一种简便且直观的方法。这种方法类似于字典排序，使得档案的查找变得快捷，尤其是当需要迅速定位到特定姓氏员工的档案时。例如，所有以"李"姓开头的员工档案会被归类在一起，便于管理和检索。

2.档案编号

为每位员工的档案分配一个独一无二的编号，按照这个编号进行档案的整理和存储，可以极大地提高档案的检索效率。在电子档案管理系统中，通过编号可以迅速定位到具体的档案，这对于档案的数字化管理和自动化检索尤为重要。

3.退休时间

当涉及退休员工的档案管理时，按照员工的退休时间进行分类是一种实用的方法。这种方法有助于人力资源部门集中处理退休相关事宜，如退休金计算、福利发放等，同时也便于跟踪和管理退休员工的档案。

4.部门分类

根据员工所属的部门进行档案分类，有助于实现部门内部的集中管理和资料整合。这种方法特别适用于大型组织，可以使得同一部门的员工档案集中存放，便于部门负责人快速访问和使用。

5.职位分类

按照员工的职位级别对档案进行分类，可以集中管理具有相同职位级别的员工档案。这种分类方法有助于人力资源部门对特定职位的员工进行绩效评估、晋升考量和培训规划。

6.入职时间

根据员工的入职时间进行档案分类，有助于人力资源部门跟踪新员工的入职培训、职业发展和绩效评估。这种分类方法对于新员工的管理和评估尤为重要，可以确保新员工能够顺利融入组织并发挥其潜力。

（三）分类整理的步骤

人事档案的分类整理是一个系统化的过程，需要遵循一系列明确的步骤来确保档案的有序性和可检索性。

1.制订分类方案

在开始分类整理之前，首要任务是制订一个符合企业实际情况的分类方案。

这个方案需要综合考虑企业的规模、组织结构、员工分布等因素，并确保其能够满足当前和未来档案管理的需求。方案中应详细说明分类的原则、方法和标准，以及如何标识和存放各类档案。还需要对所有参与档案管理工作的人员进行培训，确保他们理解并能够遵循这一方案。通过有效的沟通和培训，可以提高档案管理的效率和准确性。

2.分配类别标识

为了便于档案的分类和检索，需要为每个档案分配一个类别标识。这个标识可以是基于员工的姓氏首字母、档案编号或者其他有意义的分类标准。类别标识的分配要遵循一致性和系统性原则，确保每个档案都能被准确地归类和定位。在实际操作中，可以通过标签、条形码或者电子档案管理系统的功能来实现类别标识的分配和管理。这一步骤对于提高档案检索的效率和准确性具有重要意义。

3.建立索引和目录

为了提高档案检索的效率，建立一个详细的索引和目录系统是必不可少的。这个系统应包括每个档案的类别标识、存放位置、主要内容等信息，使得管理人员能够快速找到所需档案。索引和目录可以是纸质形式，也可以是电子数据库，关键在于其能够提供准确、全面的信息，并且易于更新和维护。

四、技术加工

技术加工在人事档案管理中涉及对档案材料的物理状态和格式进行必要的处理，以确保档案的完整性、可读性和长期保存。

（一）复印

在人事档案管理中，针对那些已经出现破损或字迹不清晰的文件，复印技术能够制作出档案的副本，有效避免原件遭受进一步损伤。在进行复印时，选择性能良好的复印机和优质纸张是保证副本质量的关键，它们直接影响到副本的清晰度和保存时间。为了确保档案的完整性和可靠性，复印得到的副本需要与原始文件一起妥善归档，这样在需要时可以迅速调阅。

（二）扫描

在数字化时代背景下，扫描技术已成为人事档案管理中不可或缺的一部分。它使得纸质档案能够被转换成电子数据，极大地简化了档案的存储和检索过程。使用高分辨率扫描仪对档案进行扫描，可以确保得到的电子图像清晰、细节丰富，便于后续的阅读和处理。为了保证档案数据的安全性，对于关键的档案材料，实施双重甚至多重备份显得尤为重要，这可以有效预防数据丢失的风险。

（三）拍摄

面对那些因尺寸问题而不适合复印或扫描的档案材料，拍摄成为一种有效的复制手段。这包括那些尺寸过大或过小的文件，它们可能超出了复印机或扫描仪的处理范围。在拍摄这些档案时，需要使用分辨率高的相机，并且要确保拍摄环境的光线既充足又均匀，这样才能捕捉到清晰且细节丰富的图像。拍摄完成后，需要对所得照片进行后期编辑和处理，这包括调整对比度、亮度和清晰度，以及裁剪和旋转，以确保图像的可读性和美观性。

（四）折叠和托裱

处理超大型档案材料时，折叠是一种常用的技术加工方法。例如，在处理大型地图或图表时，需要以一种整齐且有序的方式进行折叠，这样可以减少对材料边缘的损伤，保持档案的完整性。折叠过程中，要特别注意折痕的平整和对称，以便于未来展开时能够清晰地阅读档案内容。

对于尺寸较小的档案材料，如邮票或小卡片，托裱则是一种更为适宜的处理方式。托裱不仅能够增强这些材料的物理强度，还能提高其耐久性，使其能够经受时间的考验。在托裱过程中，选择正确的材料和胶水以确保不会对原件造成任何损害。托裱材料应具有良好的保护性能，同时胶水应具备良好的黏合力，且不会渗透或留下残留物，影响档案的外观和保存状态。

（五）数字化处理

利用先进的图像处理软件，可以对扫描或拍摄得到的图像进行多种优化操作，例如增强图像、去除噪点以及调整对比度，这些操作能够显著提升图像的清晰度和可读性，使得档案内容更加易于识别和阅读。

光学字符识别（OCR）技术，可以将图像中的文字信息转换成可编辑和可搜索的电子文本，这极大地提高了档案检索的效率和灵活性。OCR技术的应用使得从大量数字化文本中快速提取和检索特定信息成为可能，从而简化了信息管理流程，并为数据分析和研究提供了便利。

（六）档案修复

档案修复是针对那些因年代久远或保存条件不佳而严重损坏的档案材料进行的一项专业工作。这项工作涉及一系列复杂的技术操作，包括清除档案上的污渍、中和酸性物质、加强材料的强度以及填补破损部分等，目的是尽可能地恢复档案的原貌和延长其保存寿命。由于档案修复工作的技术性和专业性，它通常需要由受过专门训练的修复专家来承担，以确保在修复过程中不会对档案造成新的损害。

第四节　人工与自动化整理方式的结合

在当前的人事档案信息管理领域，人工与自动化整理方式的结合已经成为一种趋势，旨在提高效率、降低成本，并确保信息的准确性和安全性。

一、自动化归档技术的重要性

自动化归档技术在人事档案管理中的重要性不言而喻，它通过利用计算机系统和软件自动执行文件和数据的分类、存储、管理及检索，融合了信息技术和数据库管理系统等技术。

（一）提高档案管理效率

在人事档案管理中，自动化归档技术显著提升了档案管理效率。传统的手动归档不仅耗费大量时间和人力资源，而且由于人为因素，容易出现错误和遗漏。通过自动化技术，文件可以根据内容、类型和重要性自动分类和归档，这不仅减轻了人力成本，还提高了文件管理的规范性和一致性。

自动化归档技术通过信息技术和数据库管理系统的融合，优化了信息管理流程，加速了决策制定，同时降低了管理成本。例如，机器人流程自动化（RPA）技术能够通过分析文件属性和内容进行智能分类，自动将文件分类到相应的文件夹中，提高分类的准确性和效率。数字化人事档案管理系统利用自动化工具实现档案的自动分类、归档、加密等操作，进一步提高工作效率。

（二）促进电子档案的规范性

在电子档案管理中，必须制定和执行一套专门的管理制度，以规范电子文件的归档流程。档案管理人员需要适应电子档案管理的新要求，掌握必要的技能，以确保能够高效地管理电子档案。

电子档案的规范性不仅涉及文件的格式和存储标准，还包括文件的完整性、可读性和安全性。档案管理人员应以高度的责任感和使命感，严格执行电子文件归档的管理制度，对电子文件的形成、存储和归档过程进行严格的检查和监督。这包括确保文件在创建、传输和存储过程中的真实性，以及在归档时的准确性和完整性。

（三）促进档案信息的高效融合利用

随着办公系统和计算机技术的广泛应用，档案信息的融合与利用变得更加高效。自动化归档技术在此过程中扮演了关键角色，它通过智能化的分类处理，使得电子文件能够被妥善存储在相应的数据区域中。这种技术的应用不仅优化了档案数据的组织结构，还促进了档案信息的共享与利用，从而最大化档案信息的价值，并提升了档案的利用效率。

通过自动化归档技术，电子文件可以快速被检索和访问，这对于需要频繁查询档案信息的组织来说尤为重要。例如，在人力资源管理中，自动化归档可以快速提供员工的人事档案，从而支持招聘、培训、绩效评估等多种管理活动。此外，自动化归档技术还有助于跨部门的信息流通，使得不同部门能够便捷地共享和利用档案信息，增强了组织内部的协同工作能力。

（四）保障信息安全

随着对数据保护意识的增强，企业越来越重视采用先进的保障技术来保护其文件管理系统。这些技术能够对文件权限进行精细管理，记录访问行为，并实施数据加密，从而确保信息的安全性和完整性。

保障技术的应用使得企业能够实现文件的可视化权限管理，这意味着管理者可以清晰地看到谁有权访问哪些文件，以及这些权限是如何被执行的。这种透明度有助于及时发现和解决潜在的安全问题。同时，通过设置警报系统，企业可以在未授权访问或数据泄露等安全事件发生时迅速做出反应。风险评估功能的加入则帮助企业识别和量化潜在的安全威胁，从而采取预防措施。

二、人事档案自动化归档系统

人事档案管理是一个复杂的过程，涉及文件的收集、分类、存储和检索等多个环节。人工与自动化技术的结合，使得这一过程更加高效和准确。人工操作在处理复杂决策、判断文件重要性以及处理异常情况方面具有优势，而自动化技术则在重复性高、规则性强的任务中表现出色，如文件的快速分类和存储。

（一）自动化归档的步骤

1.识别关键内容

在自动化归档过程中，系统利用先进的 OCR 技术自动识别文档中的关键信息，例如员工的姓名、职位和合同期限等。这些信息对于文档的分类和索引至关重要。在此过程中，人工操作扮演着监督和校对的角色，确保自动识别的准确性，并对系统无法识别或识别错误的信息进行手动更正，以保证归档信息的准确性和完整性。

2.实时任务分析

自动化系统通过实时监控和分析档案归档任务，能够智能地确定任务的优先级和紧急性。这种智能分析帮助档案管理人员合理安排工作流程，确保高优先级任务得到及时处理。同时，人工干预可以在此过程中提供灵活性，特别是在处理复杂或非标准化的归档任务时，人工判断可以补充自动化系统的决策，确保归档工作的顺利进行。

3.评估档案归档任务的复杂性和紧急度

自动化系统通过预设的算法评估归档任务的复杂性和紧急度，这包括文件类型、数量和处理难度等因素。这种评估有助于确定哪些文件需要优先处理，以及哪些文件可以稍后处理。在这个过程中，人工操作可以根据实际情况调整自动化系统的评估结果，确保归档任务的合理分配。

4.构建归档流程的动态模型

自动化系统能够根据任务的复杂性和紧急度构建动态的归档流程模型，自动调整归档流程以适应不同的归档需求。这种动态模型可以提高归档工作的灵活性和适应性。在此过程中，人工操作可以进行监督和调整，确保归档流程的持续优化和适应性。

5.优先级调整和资源动态分配

自动化系统根据归档任务的优先级和资源的可用性动态分配资源，以确保归档工作的高效执行。这种资源分配可以减少资源浪费，并提高归档效率。在此过程中，人工操作可以进行监督和调整，根据经验进行更合理的资源调配，确保归档任务的顺利完成。

（二）自动化归档系统的特点

1.纸电一体全量归档

自动化归档系统的核心优势在于其能够无缝整合纸质和电子文档，实现全面的档案管理。系统通过数字化手段，将纸质文件转化为电子格式，便于存储和检索，同时也支持原生电子文件的直接归档。这样的一体化管理不仅提高了档案的可访问性和检索效率，还降低了因物理存储带来的空间和维护成本。系统能够自动追踪文件的生命周期，从创建到最终的处置，确保档案的完整性和合规性。系统还提供了档案的统计和利用功能，帮助组织更好地理解和利用其档案资源。

2.自动化采集和归档

自动化归档系统通过智能化手段，有效采集分散于组织内部各个信息化平台的资料。系统的设计旨在通过自动化流程减少人工干预，避免了传统归档过程中的打印需求，从而降低了成本并提高了工作效率。

该系统的核心在于其自动化采集功能，能够识别、收集并整合来自不同来源的会计数据，确保资料的完整性和准确性。在经过严格的质量检查和细致的编目之后，这些资料被系统化地存储，便于未来的检索和利用。这种自动化的归档方式不仅提升了档案管理的效率，还通过减少纸质文件的打印和存储，为组织带来了环境和经济上的双重效益。

3.灵活集成其他业务系统

自动化归档系统的设计允许其与多种业务系统无缝对接，包括办公自动化系统（OA）、会计核算系统、银行与企业间的互联系统以及供应链管理系统等。这种集成能力使得系统能够自动化地采集业务流程中产生的所有档案数据，并进行全面归档。通过这种方式，系统不仅提高了档案管理的效率，还确保了数据的一致性和完整性。

该系统通过应用程序编程接口（API）、数据同步工具或其他集成技术，实现与外部业务系统的实时数据交换。这意味着，无论业务数据在何处产生，都能被自动捕获并归档到中央档案系统中，无须人工干预。这种集成还支持跨部门的数据共享和协作，增强了组织内部的信息流通和工作效率。自动化归档系统还能够根据业务系统的变化灵活调整，以适应新的业务需求或技术升级，确保档案管理始终与组织的业务发展保持同步。

4.智能档案库房

自动化归档系统通过采用前沿的物联网和传感器技术，打造了一个集成化智能档案库房管理系统。该系统整合了视频监控、消防报警、环境监控以及门禁控制等多个子系统，为档案库房的安全管理提供了全面的技术支持。这种集成化的管理方式不仅增强了档案库房的物理安全，还通过环境监控系统确保了档案存储环境的稳定性和适宜性，为档案的长期保存提供了保障。

智能档案库房管理系统通过实时监控库房内的环境参数，如温湿度、空气质量等，自动调节库房环境，以维持档案的最佳保管条件。同时，视频监控和门禁控制系统的结合使用，有效防止了未授权访问和盗窃行为，提高了档案库房的安全性。消防报警系统的加入，则为档案库房提供了额外的安全保障，能够在火灾等紧急情况下及时响应，保护档案资料免受损害。

第三章　人事档案数据的存储与管理

第一节　人事档案存储技术

随着信息技术的快速发展，人事档案存储技术也在不断进步，以适应数字化、信息化管理的需求。

一、电子化管理

人事档案管理的电子化是现代信息技术发展的产物，它代表了人事档案管理方式的一次重大变革。电子化管理的核心在于将传统的纸质档案转换为电子数据形式，并通过计算机系统进行存储、管理和使用。这种管理方式不仅提高了档案管理的效率和安全性，还极大地扩展了档案信息的应用范围和价值。

（一）电子化管理的优势

1.提高效率

电子化管理为档案检索和查询带来了革命性的变化，它极大地简化了查找档案的过程。在电子化管理模式下，档案信息被数字化并存储在计算机系统中，用户只需输入相关关键词，系统便能迅速反馈出匹配的结果，这种快速响应机制极大地提升了工作效率。电子档案的存储和检索不受物理空间限制，可以轻松实现跨地域、跨部门的信息共享，进一步增强了工作效率。电子化管理的实施，不仅减少了因翻阅纸质档案可能造成的损坏风险，还降低了档案管理的维护成本，使得档案信息的更新和维护变得更加及时和准确。

2.节约成本

电子化管理有效降低了档案管理的成本。通过数字化转型，纸质档案的物理存储需求被大幅削减，从而减少了相关的存储设施和环境控制费用。这种转变意味着不再需要大量的文件柜和专门的档案室，也无须为保持适宜的温湿度而投入额外的资源。电子档案的维护和更新成本也远低于纸质档案，因为电子数据的复制和传输几乎不产生额外费用。这种成本节约不仅体现在物理空间的减少上，还包括了减少纸质文件处理和存储相关的人力成本。

3.减少风险

电子化管理在减少风险方面具有显著优势。相比于纸质档案，电子档案通过技术手段得到了更好的保护。纸质档案容易受到火灾、水灾、虫害等自然灾害的破坏，而电子档案则可以通过多重备份和加密技术有效防止数据丢失和泄露。多重备份意味着数据被复制到多个位置，即使一个存储介质出现问题，其他备份仍然可以保证数据的安全。此外，加密技术确保了数据在传输和存储过程中的安全性，即使数据被非法获取，也无法解读其内容。这些措施共同作用，大大降低了档案信息丢失和泄露的风险，提高了档案管理的安全性和可靠性。

4.规范管理

电子化管理促进了档案管理的规范化和标准化。通过采用统一的数据库和管理系统，档案信息的一致性和准确性得到了有效保障。这种集中化的管理方式使得档案的录入、存储、检索和更新都遵循统一的标准和流程，从而减少了人为错误和信息不一致的问题。电子系统还能够自动跟踪档案的修改历史，确保档案的版本控制和审计追踪，进一步增强了档案管理的透明度和可信度。电子化管理还支持档案的自动化处理，如自动分类、索引和归档，这不仅提高了工作效率，也确保了档案管理的规范性。

5.建构信用

电子档案的易于追溯和不可篡改的特性，对于构建组织内部的信任体系至关重要。这种特性不仅增强了档案信息的权威性，还为档案的真实性和完整性提供了保障。在数字化时代，电子档案的法律效力得到了明确，新修订的《中华人民共和国档案法》的实施进一步强调了电子档案与传统载体档案具有同等效力。这意味着，只要电子档案的管理符合国家档案管理要求，它们就可以作为凭证使用，具有与纸质档案相同的法律效力。

（二）实施电子化管理的步骤

1.档案数字化

档案数字化是电子化管理的首要环节，涉及将纸质档案通过扫描或拍摄转化为电子图片或文件。这一过程不仅涉及技术操作，还包括对档案的整理、分类和数字化处理，以确保电子文件的质量和可用性。数字化后的档案信息需要经过校对和验证，以保证其与原始纸质档案的一致性。数字化过程中还需考虑档案的版权和隐私问题，确保合法合规地处理敏感信息。

2.建立数据库

建立人事档案信息数据库要求将数字化后的档案信息有效组织和存储。这包括设计合理的数据库结构，以便于信息的快速检索和有效管理。数据库的建立还需要考虑数据的一致性、完整性和可扩展性，以适应未来可能的数据增长和变化。数据库的建立还涉及数据的备份和恢复策略，以防止数据丢失和损坏。

3.系统开发

系统开发过程中，需要考虑用户体验，确保系统的易用性和高效性。同时，系统还需要具备良好的兼容性和扩展性，以适应未来技术的发展和业务的变化。开发完成后，还需要进行系统的测试和优化，以确保系统的稳定性和可靠性。

4.安全保障

电子档案的安全性和保密性需要通过数据加密、访问控制等技术手段来实现。这意味着需要制定严格的安全策略和操作规程，以防止未授权访问和数据泄露。还需要定期进行安全审计和风险评估，以及时发现和解决潜在的安全问题。

5.培训与推广

管理人员需要通过系统的操作培训，掌握电子化管理的技能和方法。这包括对系统功能的了解、操作流程的熟悉以及问题解决的能力。还需要通过各种推广活动，提高管理人员对电子化管理的认识和接受度，以促进系统的广泛使用和深入应用。

6.维护与更新

随着技术的发展和业务的变化，系统需要定期进行维护和升级，以保持其先进性和适用性。这包括对系统的性能优化、功能扩展和界面改进。同时，还需要对数据进行定期的校对和更新，以确保信息的准确性和时效性。维护与更新还需要制订相应的计划和流程，以确保工作的有序进行。

二、数字化档案

数字化档案是指利用现代信息技术手段，将存储在传统载体上的档案信息转换成计算机可以识别和处理的数字形态信息，并进行存储、组织、检索和维护的过程。这一过程不仅涉及技术变革，还涉及流程再造和制度变革，是一个全面的系统工程。

数字化档案馆的建设不仅仅是馆藏档案的数字化，它还包括了对档案信息进行采集、加工、存储、管理，并通过网络平台提供公共档案信息服务和共享利用的档案信息集成管理系统。这个过程涉及多个环节，包括档案的保管、保护、整理、鉴定、转换、存储和利用等，需要统筹规划和分步实施。

数字化档案的优点在于提高档案采集、管理和利用的效率和准确度。它通过技术手段，如扫描技术、OCR 识别技术、视音频捕捉技术、多媒体信息压缩技术、海量数据存储与组织技术等，实现档案资源内容的自动化识别、规模化分析、可视化呈现。

数字化档案的组织与分类是确保档案高效管理和便捷检索的关键。在数字化过程中，需对每个档案添加详细的元数据，如文件名、创建日期、作者等，并通过专业的档案管理软件，将档案按主题、时间或类型进行分类存储。同时，还需定期对档案进行整理和更新，确保档案的完整性和准确性。

安全与备份策略是确保电子档案长期保存和可访问性的关键。应选择可靠的存储设备，如高性能的服务器和云存储服务，并制定详细的备份策略，遵循 3-2-1 规则，即制作三份副本，使用两种不同类型的存储介质，将一份备份存在不同地点。还需采取适当的安全措施，如数据加密和访问控制，防止档案数据的泄露和未经授权的访问。

三、磁光电混合存储

磁光电混合存储技术是一种集成了磁存储、光存储和电存储优点的先进存储方式，它在数字档案资源的长期保存中展现出了显著的优势和潜力。

（一）磁光电混合存储技术的原理与特点

磁光电混合存储技术通过智能地将数据分配到不同类型的存储介质中，实现了数据存储的优化。该技术依据数据访问的频率，将信息存储于固态硬盘（SSD）、机械硬盘（HDD）或光盘库中。SSD 和 HDD 阵列主要承担数据的快速存取任务，它们能够提供高速的数据传输和良好的扩展性，适合处理频繁访问的数据。与此同时，光盘库则以其低能耗和高稳定性，成为长期存储数据的理想选择，尤其适合那些访问频率较低的档案资料。通过这种智能化的数据迁移机制，磁光电混合存储技术能够在保持高性能的同时，显著减少数据中心的整体能耗和运营成本，实现了存储资源的高效利用。

（二）技术优势

磁光电混合存储技术以其独特的优势在数字档案资源长期保存中发挥着重要作用。

1.绿色节能

磁光电混合存储技术通过提高光存储比例，显著降低了电、水资源的消耗，减少了碳排放和电子垃圾。光存储设备的能耗低，使得这种技术在绿色节能方面具有显著优势。

2.总体拥有成本低

磁光电混合存储技术优化了存储资源的使用,减少了对高性能存储介质的依赖。在设备和存储介质采购、能耗、数据迁移等方面,磁光电混合存储的总体拥有成本低于磁、电存储的总体拥有成本。光存储设备及光盘具有一次性购置长期使用、能耗低、数据迁移次数少等优势。

3.存储寿命长

磁光电混合存储中的光存储与磁存储、电存储相比存储寿命长。硬盘和固态盘的存储寿命一般为5年,而档案级蓝光光盘的存储寿命超过30年,适合长期保存档案资源。

4.安全可靠

磁光电混合存储能够充分发挥光存储在数据长期保存中的作用,通过与磁、电的混合存储,数据存储不仅安全可靠,而且利用方便。光盘具有防数据篡改、防病毒入侵、抗磁干扰、受温湿度影响小等特点,保障了数字档案资源的原始性和完整性。

5.支持多种备份模式

磁光电混合存储支持单张光盘存储备份和磁盘阵列(RAID)备份等多种模式,增强了数据的安全性和可恢复性。这种灵活性使得磁光电混合存储在备份和恢复方面具有明显优势。

第二节　人事档案管理系统的架构设计

人事档案管理系统作为企业人力资源管理信息化的核心组成部分,对于高效、安全地管理员工档案信息起着至关重要的作用。合理的架构设计是系统稳定运行、功能拓展以及满足企业不断变化需求的基础。随着信息技术的飞速发展和企业对档案管理精细化要求的提升,构建一个先进、灵活且可靠的人事档案管理系统架构成为必然趋势。

一、架构设计目标与原则

(一)设计目标

实现人事档案信息的快速录入、检索、更新与查询,大幅提高档案管理工作效率，减少人工操作成本；确保档案信息的保密性、完整性和可用性，防止数据泄露、篡改与丢失，保障员工个人隐私和企业信息资产安全；具备良好的扩展性和兼容性，能够适应企业业务发展、组织架构调整以及法律法规变化带来的新需求，方便系统功能的升级与模块的添加；提供简洁、直观的用户界面，降低用户学习成本，使不同层次的使用者都能轻松上手，提升用户体验。

（二）设计原则

1.先进性

采用先进的技术架构和开发工具，紧跟信息技术发展潮流，确保系统在较长时间内保持技术领先，满足企业未来发展对系统性能和功能的要求。

2.可靠性

通过冗余设计、数据备份与恢复机制、系统监控等手段，保证系统能够 7×24 小时稳定运行，减少因系统故障导致的业务中断风险。

3.安全性

从网络安全、数据加密、用户认证与授权、访问控制等多个层面构建安全防护体系，严格保护档案信息安全，符合国家相关信息安全法规标准。

4.开放性

遵循开放的技术标准和接口规范，便于与企业内部其他信息系统（如人力资源管理系统、办公自动化系统等）进行数据共享与集成，打破信息孤岛，实现企业信息资源的协同利用。

5.可维护性

系统架构设计应便于系统的日常维护、故障排查与修复，采用模块化设计思想，使各功能模块相对独立，降低系统维护难度和成本。

二、系统架构类型选择

（一）常见架构类型分析

1.C/S（Client/Server）架构

C/S 架构由客户端和服务器端组成，客户端负责用户界面展示和业务逻辑处理，服务器端负责数据存储和管理。其优点是客户端功能强大，能够处理复杂的业务逻辑，对网络带宽要求较低；缺点是客户端需要安装专门的软件，系统部署和升级维护成本较高，且跨平台性较差。

2.B/S（Browser/Server）架构

B/S 架构基于浏览器和服务器模式，用户通过浏览器访问服务器上的应用程序。服务器端负责业务逻辑处理和数据存储，客户端只需具备基本的浏览器功能。其优势在于系统部署和维护方便，用户无须安装额外软件，通过浏览器即可使用系统，跨平台性好；不足之处在于对网络带宽要求较高，部分复杂业务逻辑在客户端实现较为困难，可能影响用户体验。

3.SOA（Service - Oriented Architecture）面向服务架构

SOA 架构将系统功能拆分为一个个独立的服务，这些服务通过标准的接口进行交互。它具有高度的灵活性和可扩展性，不同服务可以独立开发、部署和升级，能够快速响应企业业务变化。但 SOA 架构设计和管理较为复杂，需要良好的服务治理机制，对技术团队要求较高。

4.微服务架构

微服务架构是一种将大型应用程序拆分为多个小型、独立的服务模块的架构风格。每个微服务专注于单一业务功能，通过轻量级通信机制进行交互。微服务架构具有高度的自治性、灵活性和扩展性，能够实现快速迭代开发和部署，适合大型、复杂且业务变化频繁的系统。然而，微服务架构也带来了服务治理、分布式事务处理等方面的挑战。

（二）架构选型依据与决策

综合考虑人事档案管理系统的特点和企业实际需求，B/S 架构是较为合适的选择。人事档案管理系统用户众多，分布在企业各个部门，采用 B/S 架构可以方便用户通过浏览器随时随地访问系统，无须安装专门客户端软件，降低了系统部署和维护成本。同时，随着网络技术的不断发展，网络带宽和性能已不再是制约 B/S 架构应用的主要因素。此外，B/S 架构的跨平台性能够适应企业内部多种操作系统和设备的使用需求，便于系统与企业其他基于浏览器的信息系统进行集成。

三、系统功能模块设计

（一）档案录入模块

1.基本信息录入

支持批量导入和单个录入员工的基本信息，如姓名、性别、身份证号、出生日期、民族、政治面貌、联系方式等，确保信息准确无误。录入界面应提供数据校验功能，对输入的数据格式、范围等进行实时检查，避免错误数据录入。

2.档案材料录入

针对员工的各类档案材料，如学历证书、学位证书、工作经历证明、劳动合同、培训记录、奖惩材料等，提供分类录入功能。可通过扫描、拍照等方式将纸质材料电子化后上传至系统，并与员工基本信息关联。同时，记录材料的来源、日期、份数等详细信息。

3.录入审核

设置录入审核流程，对新录入的档案信息进行审核。审核人员可查看录入信息的详细内容，对存在疑问或错误的信息进行标记和退回修改。审核通过的信息正式进入档案库，确保档案信息的准确性和可靠性。

（二）档案检索模块

1.多条件检索

用户可根据员工姓名、身份证号、部门、入职时间、档案类型等多种条件进行组合检索，快速定位所需档案信息。支持模糊查询和精确查询，提高检索的灵活性和准确性。

2.全文检索

对于档案中的文本内容，如工作总结、培训报告等，提供全文检索功能。系统利用全文检索引擎对档案数据进行索引，用户输入关键词即可在档案全文中搜索相关信息，方便查找特定内容的档案材料。

3.检索结果展示

将检索结果以列表形式展示，显示员工基本信息、档案关键内容摘要以及档案材料数量等信息。用户可点击具体档案记录查看详细信息，支持打印和导出检索结果。

（三）档案更新模块

1.信息变更管理

当员工的个人信息（如联系方式、婚姻状况、职务变动等）或档案材料（如新增培训证书、奖惩记录等）发生变化时，支持及时更新档案信息。更新操作需经过严格的审批流程，确保信息变更的合法性和准确性。

2.版本管理

对档案信息的每次更新操作进行记录，保存不同版本的档案信息。用户可查看档案的历史版本，了解信息变更轨迹，防止因误操作或恶意篡改导致信息丢失或错误。

（四）档案借阅模块

1.借阅申请

员工或相关部门人员因工作需要借阅档案时，通过系统提交借阅申请。申请内容包括借阅人信息、借阅档案范围、借阅目的、借阅期限等。系统自动发送申请通知给档案管理员进行审批。

2.借阅审批

档案管理员收到借阅申请后，根据借阅规定和实际情况进行审批。对于符合借阅条件的申请予以批准，并记录借阅信息；对于不符合条件的申请，注明拒绝原因并退回申请。

3.借阅跟踪

对已批准借阅的档案进行跟踪管理，记录借阅人实际借阅时间、归还时间。在借阅期限临近时，系统自动发送提醒消息给借阅人，督促其按时归还档案。对于逾期未还的档案，进行逾期预警并采取相应措施。

（五）档案存储模块

1.电子档案存储

采用可靠的存储设备和存储技术，对电子化的档案信息进行集中存储。支持多种文件格式（如 PDF、JPEG、DOC 等）的存储，确保档案数据的长期保存和可访问性。建立数据备份机制，定期对档案数据进行全量备份和增量备份，并将备份数据存储于异地，防止因本地存储设备故障导致数据丢失。

2.实体档案管理

对于仍需保存的纸质实体档案，设计科学的档案库房管理方案。包括档案的分类存放、编号管理、库房环境监测（温湿度、防火、防虫等）。建立实体档案出入库登记制度，记录档案的出入库时间、经手人、用途等信息，确保实体档案的安全和有序管理。

（六）系统管理模块

1.用户管理

负责系统用户的添加、删除、修改以及用户权限分配。根据用户角色（如档案管理员、普通员工、部门领导等）设置不同的操作权限，如档案录入、检索、借阅、修改等权限，确保用户只能在授权范围内操作档案信息。

2.日志管理

记录系统所有操作日志，包括用户登录时间、IP 地址、操作内容、操作结果等信息。通过日志管理，可对系统操作进行追溯和审计，及时发现潜在的安全风险和违规操作行为。

3.数据字典管理

维护系统中使用的数据字典，如部门名称、职务名称、档案类型等。数据字典的统一管理确保了系统数据的一致性和规范性，方便数据的维护和更新。

4.系统参数设置

对系统的一些关键参数进行设置，如档案存储路径、备份策略、借阅期限等。通过灵活的参数设置，使系统能够适应不同企业的个性化需求。

四、数据存储设计

（一）数据库选型

根据人事档案管理系统的数据特点和性能要求，选择关系型数据库 MySQL 作为核心数据库管理系统。MySQL 具有开源、性能稳定、可扩展性强、成本低等优势，能够满足系统对大量结构化数据存储和管理的需求。同时，MySQL 支持事务处理、数据完整性约束等功能，确保档案数据的一致性和可靠性。对于一些非结构化数据（如扫描的档案文件、图片等），可采用分布式文件系统（如 FastDFS）进行存储，并通过数据库记录文件的存储路径和相关元数据信息，实现非结构化数据与结构化数据的关联管理。

（二）数据库表结构设计

1.员工基本信息表

存储员工的核心基本信息，包括员工编号、姓名、性别、身份证号、出生日期、民族、政治面貌、联系电话、电子邮箱、家庭住址、入职时间、离职时间、所在部门、岗位等字段。员工编号作为主键，唯一标识每个员工。

2.档案材料表

记录员工的各类档案材料信息，包括档案材料编号、员工编号、材料名称、材料类型（如学历证书、工作经历证明等）、材料来源、日期、份数、电子文件存储路径、备注等字段。档案材料编号为主键，通过员工编号与员工基本信息表建立关联。

3.借阅记录表

用于存储档案借阅相关信息，包括借阅记录编号、借阅人编号、借阅档案材料编号、借阅申请时间、审批时间、审批人、借阅开始时间、借阅结束时间、实际归还时间、逾期状态等字段。借阅记录编号为主键，通过借阅人编号和借阅档案材料编号分别与员工信息表和档案材料表建立关联。

4.用户表

管理系统用户信息，包括用户编号、用户名、密码、真实姓名、所属部门、用户角色、联系电话、电子邮箱等字段。用户编号为主键，用户角色字段关联角色表，用于确定用户权限。

5.角色表

定义系统中的用户角色，如档案管理员、普通员工、部门领导等，每个角色对应一组操作权限。表中包含角色编号、角色名称、角色描述以及权限集合等字段。角色编号为主键，通过权限集合字段与系统功能模块的操作权限进行关联。

6.操作日志表

记录系统操作日志，包括日志编号、用户编号、操作时间、操作 IP 地址、操作内容、操作结果等字段。日志编号为主键，通过用户编号与用户表建立关联，方便对用户操作进行追溯和审计。

（三）数据备份与恢复策略

制定定期全量备份和增量备份相结合的数据备份计划。每周进行一次全量备份，将整个数据库的数据完整备份到备份存储设备中；每天进行增量备份，只备份自上次全量备份或增量备份以来发生变化的数据。备份数据存储在异地的专用备份服务器上，以防止本地灾难导致数据丢失。同时，定期对备份数据进行完整性和可用性检查，确保备份数据的有效性。

当发生数据丢失或损坏时，可根据备份数据进行恢复操作。如果是小规模的数据损坏，可利用增量备份数据进行快速恢复；如果是严重的数据丢失或数据库故障，则需要使用最新的全量备份数据进行恢复，然后再应用后续的增量备份数据，以恢复到故障发生前的状态。在恢复过程中，要严格按照数据恢复流程进行操作，确保数据恢复的准确性和完整性。同时，对恢复后的系统进行全面测试，验证系统功能是否正常。

五、安全架构设计

（一）网络安全

1.防火墙设置

在企业内部网络与外部网络之间部署防火墙，阻挡外部非法网络访问和攻击。防火墙规则设置应严格限制外部对档案管理系统服务器的访问，只允许特定的 IP 地址段和端口进行访问。同时，对内部网络用户访问档案管理系统的行为进行监控和审计，防止内部用户的非法操作。

2.入侵检测与防御系统（IDS/IPS）

安装入侵检测与防御系统，实时监测网络流量，及时发现并阻止各类入侵行为，如端口扫描、恶意软件传播、SQL 注入攻击等。IDS/IPS 系统应具备智能分析和报警功能，当检测到异常流量或攻击行为时，立即向系统管理员发送报警信息，并采取相应的防御措施，如阻断攻击源 IP 地址的网络连接。

3.虚拟专用网络（VPN）

对于需要远程访问人事档案管理系统的用户，如出差员工或分支机构人员，采用 VPN 技术建立安全的远程连接通道。VPN 通过加密技术对传输的数据进行加密，确保数据在公网上传输的安全性，防止数据被窃取或篡改。同时，对 VPN 用户进行严格的身份认证和授权管理，只有经过授权的用户才能通过 VPN 访问系统。

（二）数据安全

1.数据加密

对存储在数据库中的敏感档案信息（如员工身份证号、银行卡号、薪资信息等）进行加密存储。采用先进的加密算法（如 AES）对数据进行加密，确保即使数据库被非法访问，攻击者也无法获取明文形式的敏感信息。在数据传输过程中，如用户通过网络访问档案管理系统时，也应对传输的数据进行加密，防止数据在传输过程中被监听和窃取。

2.数据备份与恢复安全

在数据备份过程中，对备份数据进行加密处理，并采用安全的传输方式将备份数据存储到异地备份服务器上。同时，对备份服务器进行严格的访问控制和安全防护，防止备份数据被非法访问和破坏。在数据恢复时，要确保恢复操作的合法性和安全性，防止因恢复操作不当导致数据泄露或损坏。

3.数据脱敏

对于一些需要在特定场景下对外展示或共享的档案数据，如统计分析数据、部分员工信息等，采用数据脱敏技术对敏感信息进行处理。数据脱敏通过替换、掩码、加密等方式将敏感数据转换为非敏感数据，在保证数据可用性的同时，保护员工个人隐私和企业信息安全。

（三）用户认证与授权

1.多因素认证

采用多因素认证方式提高用户登录系统的安全性。除了传统的用户名和密码认证外，结合短信验证码、指纹识别、面部识别等生物特征识别技术，对用户身份进行多重验证。多因素认证大大增加了攻击者破解用户身份的难度，有效防止用户账号被盗用。

2.基于角色的访问控制（RBAC）

运用基于角色的访问控制模型对用户权限进行管理。根据企业内部不同的工作职责和业务需求，定义不同的用户角色（如档案管理员、普通员工、部门领导等），并为每个角色分配相应的操作权限，如档案录入、检索、借阅、修改等权限。用户通过被赋予特定的角色来获得相应的权限，而不是直接对用户进行权限分配。这种方式简化了权限管理流程，提高了权限管理的灵活性和安全性。

3.权限最小化原则

在进行用户权限分配时，遵循权限最小化原则，即只授予用户完成其工作任务所需的最小权限。避免用户拥有过多不必要的权限，降低因用户误操作或恶意行为导致的安全风险。定期对用户权限进行审查和更新，确保用户权限与实际工作需求保持一致。

（四）系统安全

1.漏洞管理

建立完善的漏洞管理机制，定期对人事档案管理系统及相关服务器、操作系统、数据库等进行漏洞扫描。及时发现并修复系统中存在的安全漏洞，防止黑客利用漏洞进行攻击。对于新发现的漏洞，要及时评估其风险等级，并采取相应的应急措施，如临时关闭受影响的服务或功能，直至漏洞修复完成。

2.安全补丁管理

密切关注软件供应商发布的安全补丁信息，及时对系统所使用的软件（如操作系统、数据库管理系统、应用程序框架等）进行安全补丁更新。确保系统始终处于最新的安全状态，降低因软件漏洞导致的安全风险。在安装安全补丁前，要进行充分的测试，确保补丁不会对系统的正常运行产生负面影响。

3.安全审计

部署安全审计系统，对人事档案管理系统的操作行为进行全面审计。审计内容包括用户登录、档案操作（录入、修改、删除、借阅等）、系统管理操作（用户管理、权限管理等）等。通过安全审计，能够及时发现潜在的安全问题和违规操作行为，并为事后追溯和调查提供依据。定期对审计数据进行分析和总结，发现安全风险趋势，针对性地采取改进措施，持续提升系统的安全性。例如，若审计发现某类操作频繁出现异常尝试，可进一步加强该操作环节的身份验证流程或限制操作频率；若发现特定用户角色存在权限滥用风险，及时调整其权限配置。

通过遵循科学的设计目标与原则，选择合适的架构类型，精心设计系统功能模块，合理规划数据存储，构建全方位的安全防护体系，并持续进行系统的优化与拓展，能够打造出一个高效、安全、灵活且易用的人事档案管理系统。这样的系统不仅能够满足企业当前对人事档案管理的需求，还能适应企业未来发展过程中不断变化的业务需求和技术环境，为企业人力资源管理提供有力的支持，保障企业的稳定运营和持续发展。

第三节 人事档案数据的有效管理与检索

一、有效的人事档案数据管理策略

在数字化时代，企业面临着人事档案数据管理的多重挑战，包括数据量的激增、信息更新的频繁性、安全性的高要求以及跨部门协作的复杂性。为了有效应对这些挑战，企业可以采取以下策略。

（一）建立标准化流程

为了确保人事档案数据的一致性和准确性，企业必须制定一套统一的管理流程和标准。这些流程和标准应涵盖从数据的收集、录入、存储到维护和更新的每一个环节。需要明确哪些信息是必须收集的，以及如何以标准化的方式进行收集；要规定数据的存储格式和介质，以保证数据的可访问性和完整性；应设定定期的数据更新机制，以保持信息的最新状态；明确不同角色和部门的数据访问权限，以防止未经授权的访问和数据泄露。通过这些措施，企业可以建立起一套高效的人事档案管理体系，为后续的数据检索和分析打下坚实的基础。

（二）采用电子化管理

随着信息技术的发展，电子化管理已成为人事档案管理的新趋势。通过电子化系统，企业可以有效地存储和管理人事档案，减少对纸质文件的依赖。电子化管理不仅提高了数据检索的效率，还降低了文件丢失和损坏的风险。电子化系统可以自动记录数据的修改历史，便于追踪和审计。通过电子化管理，企业可以更灵活地应对信息更新和查询需求，提高整体的工作效率。

（三）定期审计与更新

为了确保人事档案数据的时效性和准确性，定期的审计和更新是必不可少的。企业应建立一套定期审计机制，对人事档案数据进行系统性的检查和评估。

这包括验证数据的完整性、一致性和准确性，以及确保所有信息都符合最新的法律法规要求。一旦发现数据存在错误或过时，应立即进行更新和修正。企业还应鼓励员工主动更新自己的档案信息，以保持数据的鲜活性。通过定期审计和更新，企业可以确保人事档案数据的质量和可靠性，为人力资源决策提供坚实的数据支持。

（四）强化安全措施

人事档案数据的安全是企业管理中的重中之重。企业必须采取有效的安全措施来保护这些敏感信息。应采用加密技术对存储在数据库中的人事档案数据进行加密，以防止数据在传输过程中被截获或泄露；实施严格的访问控制策略，确保只有授权人员才能访问敏感数据；定期进行安全培训，提高员工的安全意识，防止内部泄露。通过这些措施，企业可以建立起一道坚固的安全防线，保护人事档案数据不受外部威胁和内部滥用的影响。

二、人事档案数据检索技术

（一）数据库管理系统

数据库管理系统（DBMS）是人事档案数据检索的基石。DBMS 允许企业将大量人事档案数据存储在一个集中的位置，并通过结构化查询语言等工具进行高效的查询和数据整合。DBMS 的优势在于其能够处理大规模数据集，同时保持数据的一致性和完整性。通过索引和优化查询，DBMS 可以显著提高检索速度，使得即使是在数百万条记录中也能快速定位到特定信息。DBMS 还支持数据的备份和恢复，确保数据的持久性和安全性。

（二）全文检索技术

全文检索技术提供了一种更为灵活和准确的检索方式。与传统的关键词匹配不同，全文检索技术能够理解文档的内容和上下文，从而提供更为精确的搜索结果。这种技术特别适用于处理非结构化数据，如简历、工作报告等，能够识别同义词、近义词以及不同的词形变化，从而提高检索的覆盖面和准确性。全文检索技术的应用，使得用户可以更加自然地表达查询意图，而不必精确记忆数据库中的字段名称或格式。

（三）人工智能技术

人工智能技术，尤其是自然语言处理（NLP），正在改变人事档案数据检索的面貌。NLP 技术能够理解和处理人类语言，使得机器能够"理解"查询的意图，并提供更加智能的搜索结果。例如，通过语义分析，NLP 可以帮助识别查询中的隐含意义,从而返回相关的结果。NLP 还可以用于自动分类和标记人事档案数据,减少人工干预,提高数据管理的自动化水平。

（四）数据挖掘技术

数据挖掘技术通过分析大量的人事档案数据,发现数据中的模式和趋势,为企业决策提供支持。通过使用机器学习算法,数据挖掘可以识别员工绩效、离职率、招聘效率等方面的潜在关联,帮助企业优化人力资源管理策略。数据挖掘还可以用于预测分析,例如预测员工流失率或识别高潜力人才,从而为企业的人才规划和培养提供数据支持。

第四节　数字化管理与人工管理的结合

数字化管理与人工管理的结合在人事档案管理中展现出了巨大的潜力,这种结合不仅能够提高效率,还能增强管理的人性化和灵活性。

一、自动化数据录入与人工审核

数字化管理的一个显著优势是自动化数据录入,这可以通过机器人流程自动化（RPA）技术实现,它能够自动执行重复性高的任务,如简历筛选、员工数据管理等。然而,自动化工具可能无法处理所有的异常情况,这时人工审核就显得尤为重要。人力资源专员可以对自动化工具录入的数据进行审核,确保信息的准确性和完整性,同时处理那些需要人类判断的复杂情况。

二、智能推荐与人工决策

在员工绩效管理中,数字化管理可以通过大数据分析提供智能推荐,例如,根据员工的工作表现和能力,推荐合适的晋升机会或培训课程。然而,最终的决策往往需要管理人员根据组织的具体情况和员工的个人情况来做出,这就需要人工管理的介入。管理人员可以结合智能推荐和自己的经验,做出更加全面和合理的决策。

三、在线培训与面对面辅导

数字化管理提供了在线培训资源,员工可以随时随地访问这些资源进行学习。这种灵活性是传统培训难以比拟的。但是,在线培训缺乏互动和即时反馈。

这时，人工管理可以通过安排面对面的辅导和反馈来弥补这一不足，增强培训效果，确保员工能够真正理解和掌握培训内容。

四、电子合同与人工沟通

电子合同简化了合同管理流程，降低了成本，提高了效率。但合同中可能存在的疑问和特殊情况需要通过人工沟通来解决。人工沟通可以帮助解释合同条款，解决员工的疑虑，确保合同的顺利签署和执行。

第四章 人事档案的数据分析与决策支持

第一节 人事档案数据分析的基本方法

人事档案数据分析是指对员工的人事档案信息进行收集、整理、分析和解释的过程，以支持人力资源管理决策。

一、数据收集

高质量的数据收集能够为后续的数据分析提供坚实的基础，而低质量的数据收集则可能导致分析结果的偏差和错误。

（一）目标明确化

在进行人事档案数据分析之前，首要任务是明确分析的目标。这涉及确定分析的具体目的和预期成果，以及分析所覆盖的范围。分析目标的明确有助于指导数据收集的方向，确保收集到的数据能够满足分析需求。例如，如果分析的目的是评估员工绩效，那么需要收集的数据就包括员工的工作成果、客户反馈和同事评价等。而如果目标是预测员工流失率，那么离职记录和工作满意度调查结果等数据则显得尤为重要。

需要收集的数据类型包括员工的基本信息，如姓名、性别、年龄和入职日期；教育背景，包括学历、专业和毕业院校；工作经历，涵盖过往的工作单位、职位和工作年限；绩效评估，包括定期的绩效评价结果和项目完成情况；培训记录，记录员工参加过的培训课程和培训成果等。这些数据的收集将为后续的分析提供必要的信息基础，帮助企业更好地理解员工队伍的状况，制定有效的人力资源策略。

（二）来源多样化

在人事档案数据分析中，数据的收集不应局限于单一来源，而应采取多元化的途径以确保数据的全面性和准确性。企业内部数据库是数据收集的主要渠道之一，它通常包含了员工的基本信息、薪酬记录和绩效评估等关键信息。员工调查也是获取数据的有效手段，它能够直接从员工那里收集到关于工作满意度、职业发展需求等主观感受和意见。面试记录则提供了候选人的背景信息和面试表现，对于招聘过程中的人才评估尤为重要。

除了内部资源，还可以通过社交媒体和网络平台获取员工的在线行为和社交网络信息，这些信息有助于了解员工的个人品牌和行业影响力。同时，与第三方数据提供商合作，可以获得员工的背景调查和信用记录等敏感信息，这对于确保员工的诚信和企业的安全性至关重要。

（三）数据质量保证

数据的准确性和完整性直接影响到分析结果的可靠性和有效性。

数据清洗是提高数据质量的关键步骤。这一过程涉及识别并去除数据中的重复项、错误信息和不完整的记录。例如，可以通过自动化工具来检测和删除重复的员工记录，或者通过数据校验规则来识别和修正错误的数据条目。对于缺失的数据，可以通过插值、估算或删除缺失值所在的记录来处理，以保证数据集的完整性。

数据验证也是确保数据质量的重要环节。这包括对数据的一致性和逻辑性进行检查，确保数据之间的关联性和合理性。例如，可以设置数据校验规则来检查员工的年龄、工作年限等信息是否符合逻辑，或者通过交叉验证不同来源的数据来确保数据的一致性。

定期的数据更新和维护也是保证数据质量不可忽视的方面。随着时间的推移，员工的信息会发生变化，如职位变动、薪酬调整等，因此需要定期更新数据以反映这些变化。同时，对于敏感数据，如员工的个人隐私信息，需要采取加密和访问控制等安全措施，以保护数据的安全和隐私。

二、数据整理

数据整理是人事档案数据分析中的关键步骤，它涉及将收集到的原始数据转换成适合分析的格式。

（一）分类

分类是将数据按照一定的标准进行组织的过程。在人事档案数据分析中，分类可以帮助我们更好地理解和比较不同群体的特征。例如，可以按照部门将员工数据进行分类，以分析不同部门的员工结构和绩效；或者按照职位分类，以了解不同职位的薪酬水平和晋升路径；还可以按照工作年限分类，以研究员工的留存率和职业发展。分类的标准应该基于分析的目的和需求，同时也要考虑到数据的实际可用性。良好的分类体系不仅能够提高数据分析的效率，还能够揭示数据背后的潜在模式和趋势。

（二）编码

编码是将非数值型数据转换成数值型数据的过程，这样计算机就能够处理这些数据。在人事档案中，很多信息如性别、学历、工作经历等都是非数值型的，直接用于分析会有困难。编码可以将这些信息转换成数值型数据，例如，性别可以编码为 0 和 1，学历可以编码为 1、2、3 等，分别代表不同的学历层次。编码的过程中，需要考虑到数据的可逆性，即在分析结束后能够将编码的数据还原回原始数据。编码还需要考虑到数据的一致性和标准化，确保不同来源或不同时间点收集的数据能够被统一处理。

（三）存储

存储的目的是确保数据的安全、可访问性和可维护性。在选择数据库时，需要考虑到数据的规模、复杂性以及分析的需求。对于大规模的数据，需要使用分布式数据库来提高数据处理的效率；对于包含复杂关系的数据，需要使用关系型数据库来维护数据的一致性；而对于需要频繁更新的数据，需要使用 NoSQL 数据库来提高数据的灵活性。无论选择哪种数据库，都需要确保数据的备份和恢复机制，以防数据丢失或损坏。同时，还需要考虑到数据的安全性，采取适当的加密和访问控制措施，以保护数据不被未授权访问或泄露。

三、数据分析

数据分析是人事档案管理中的核心环节，它涉及使用各种统计和分析方法来提取数据中的有用信息，支持人力资源决策。

（一）描述性统计

描述性统计是数据分析的基础，它通过计算数据集的中心趋势和离散程度来描述数据的特征。常用的描述性统计量包括平均值、中位数、众数、最大值和最小值等。这些统计量可以帮助企业快速了解数据的基本情况。例如，平均薪酬可以显示员工的平均收入水平，而薪酬的中位数和众数则可以揭示薪酬分布的集中趋势。

（二）趋势分析

趋势分析关注数据随时间的变化趋势。通过分析员工流失率、晋升率等指标的变化，可以了解企业的人力资源动态。例如，如果员工流失率逐年上升，则表明员工满意度下降或市场竞争激烈。

（三）相关性分析

相关性分析用于探索不同变量之间的关系。在人事档案分析中，通过计算相关系数，我们可以了解这两个变量之间的关联强度和方向。例如，如果发现高学历员工的绩效普遍较高，这就意味着需要调整招聘策略，更加重视教育背景。

（四）预测分析

预测分析利用历史数据来预测未来趋势。例如，通过分析员工流失的历史数据，我们可以建立一个预测模型来预测未来的流失率。这种分析通常需要使用统计软件来构建回归模型或机器学习模型。预测分析的结果可以帮助企业提前做好准备，采取相应的措施来降低流失率。

（五）聚类分析

聚类分析是一种将员工按照某些特征进行分组的方法，以识别不同的员工群体。这种方法可以帮助我们发现数据中的自然分组，例如，根据员工的工作年限、教育背景和绩效将员工分为不同的职业发展阶段。聚类分析的结果可以通过文字描述，例如，我们可以描述不同群体的特征，如"高绩效且高教育背景的员工群体"或"工作年限长但教育背景较低的员工群体"。

（六）因子分析

因子分析是一种识别影响员工表现的潜在因素的方法。通过这种方法，我们可以将多个相关的变量简化为几个不相关的因子。例如，可以将员工的多个绩效指标（如销售额、客户满意度、团队合作等）简化为几个因子，如"销售能力"和"团队协作能力"。因子分析的结果可以通过文字描述，说明哪些变量被归入同一因子，以及这些因子如何影响员工的整体表现。

四、数据解释

数据解释是数据分析过程中将复杂的分析结果转化为易于理解的信息，并为决策提供支持。

（一）结果解释

结果解释是将数据分析结果转化为清晰、易懂的语言的过程。这一步骤的目的是确保非技术背景的利益相关者，如管理层和决策者，能够理解数据的含义和分析结果的业务影响。例如，如果分析显示员工满意度与员工留存率高度相关，那么结果解释可以是："我们分析发现，员工满意度的提高与员工留存率的增加有直接关系。这意味着，通过改善工作环境和增加员工福利，我们可以有效地降低员工流失率。"

在解释结果时，重要的是要避免过度技术化的术语，而是使用直观的比喻和实例来说明问题。结果解释还应该包括对数据局限性的讨论，比如样本大小、数据收集方法的偏差等，以确保决策者对分析结果有一个全面的理解。

（二）决策支持

数据分析的最终目的是支持决策。因此，数据解释不仅要说明数据的含义，还要提供基于数据的决策建议。例如，如果趋势分析显示某个部门的员工流失率异常高，那么决策支持的建议就包括："鉴于××部门的高流失率，我们建议对该部门的工作环境和员工满意度进行深入调查，并考虑提供更多的职业发展机会和培训资源。"

在提供决策支持时，重要的是要考虑到业务目标和战略。建议应该是可行的、具体的，并且与企业的长期目标相一致。还应该考虑到实施建议的资源需求和潜在风险，以确保建议的实用性和有效性。

（三）沟通汇报

沟通汇报是将分析结果和建议汇报给管理层的过程。这一步骤的目的是确保管理层能够基于数据做出更明智的决策。汇报应该包括关键的发现、数据解释和决策建议。汇报的方式可以是口头的，也可以是书面的，具体取决于管理层的偏好和组织文化。

在沟通汇报时，重要的是要强调分析结果对业务的影响和潜在价值。例如，如果预测分析显示未来几个月内员工流失率可能会增加，那么汇报可以强调这一点，并提出相应的预防措施。同时，汇报还应该包括对分析方法和数据质量的简要说明，以增强结果的可信度。

有效的沟通汇报还需要考虑到听众的需求和期望。管理层可能对某些类型的分析结果更感兴趣，比如财务影响或战略影响。因此，汇报应该突出这些关键点，并提供足够的细节来支持讨论和决策。

五、数据可视化

数据可视化是将数据分析结果以图形或图像的形式展现，使得复杂的数据信息更加直观易懂。

（一）图表展示

图表是数据可视化中最常用的工具之一，它可以帮助我们快速理解数据的分布、趋势和关系。例如，柱状图适合比较不同类别的数据，如展示不同部门的员工数量；饼图适合展示各部分占整体的比例，如员工教育水平的分布；散点图则适合展示两个变量之间的关系，如员工的工作经验与薪资水平的关系。通过这些图表，企业可以直观地看到数据的模式和异常值，从而更好地理解数据背后的故事。

（二）仪表板

数据仪表板是一种集成多个图表和指标的工具，它可以实时展示关键的数据和趋势。仪表板通常用于监控业务的关键性能指标（KPIs），如员工满意度、流失率、招聘进度等。通过仪表板，管理层可以一目了然地看到业务的整体状况，及时做出决策。仪表板的优势在于其实时性和集成性，它不仅节省了查找和分析数据的时间，还提高了决策的效率。

（三）交互式报告

交互式报告是一种允许用户与数据进行交互的报告形式。在交互式报告中，用户可以根据需要调整分析参数，如时间范围、员工级别等，以查看不同条件下的数据视图。这种灵活性使得交互式报告成为探索数据和发现新见解的有力工具。例如，通过调整时间范围，用户可以查看特定季度的招聘趋势；通过选择不同的员工级别，用户可以比较不同级别员工的绩效差异。

交互式报告的优势在于其用户友好性和灵活性。它不仅使得非技术用户能够轻松地探索数据，还使得数据分析的结果更加个性化和针对性。交互式报告还可以集成高级分析功能，如预测模型和聚类分析，进一步增强其分析能力。

第二节 利用人事档案数据优化人力资源决策

利用档案数据优化人力资源决策是一个多维度、系统化的过程，涉及提高管理效率、减少错误与风险、支持决策制定等多个方面。

一、提高管理效率

传统的人事档案管理依赖于纸质文件，这种方式不仅占用大量空间，还容易出现文件丢失或损坏的情况。随着信息技术的发展，电子化的人事档案管理系统提供了一种更为高效、环保的解决方案。通过将员工的个人信息、工作经历、考核记录等数据存储在数据库中，企业能够实现信息的快速检索和更新，极大减少了人力、物力的浪费,并显著提高了管理效率。

电子化档案管理系统的优势在于其便捷性和安全性。管理人员可以通过系统快速访问员工档案,无须翻阅大量的纸质文件,这不仅节省了时间,也减少了因手动操作导致的错误。电子档案的存储和备份机制可以有效防止文件的丢失和损坏,确保信息的完整性和可靠性。同时,系统可以设置权限管理,确保只有授权人员才能访问敏感信息,增强了数据的安全性。

电子化档案管理系统还可以集成数据分析工具,帮助企业从大量员工数据中提取有价值的信息,为人力资源决策提供支持。例如,通过分析员工的绩效记录,企业可以识别出高绩效员工,制定相应的激励措施,或者针对低绩效员工提供培训和辅导。

二、减少错误与风险

人工管理人事档案的过程中,由于人为因素,经常会出现信息录入错误、文件重复或遗漏等问题。这些问题不仅会导致工作效率低下,还可能引发法律风险和信誉损失。为了减少这些错误和风险,越来越多的企业开始采用人事档案管理系统。

人事档案管理系统通过自动化和标准化的流程,能够显著降低人为错误。例如,系统可以自动校验数据格式,确保信息的一致性和准确性。自动化的数据录入功能减少了手动输入的工作量,从而降低了因疲劳或疏忽导致的错误。此外,系统还能够自动跟踪文件的创建、修改和删除记录,确保每一项操作都有迹可循,提高了档案管理的透明度。

此外,人事档案管理系统还通过设置不同级别的权限来保护敏感信息。只有经过授权的人员才能访问特定的数据,这不仅防止了未经授权的访问,也减少了信息泄露的风险。权限管理功能还可以根据员工的角色和职责来定制,确保他们只能访问与工作相关的信息。

系统还能够提供数据备份和恢复功能,以防数据丢失或损坏。通过定期备份,即使发生硬件故障或其他意外情况,企业也能够迅速恢复数据,减少业务中断的风险。

三、支持决策制定

人事档案管理系统在企业决策制定中存储员工的基本信息,还通过数据分析功能,帮助企业深入了解员工的能力、绩效和发展潜力。这些洞察使得企业能够制订更加科学的培训计划和晋升方案，以提升员工的整体能力和业绩。

通过对员工绩效数据的分析，管理层可以识别出表现优异的员工，并为他们提供更多的发展机会，如晋升、加薪或更多的责任。同时，系统还能揭示出哪些员工可能需要额外的培训或支持，以提高他们的工作效率和满意度。这种针对性的人力资源管理策略，有助于提高员工的工作动力和忠诚度，从而降低人才流失率。

人事档案管理系统还能帮助企业预测和识别人才流失的风险。通过分析员工的离职历史、绩效评估和满意度调查结果，企业可以发现潜在的离职信号，并及时采取措施，如改善工作环境、提供职业发展机会或调整薪酬结构，以留住关键人才。

系统还能辅助企业进行人力资源规划，通过预测未来的人力需求和供应，帮助企业做出更合理的招聘和培训决策。这种基于数据的决策制定，使得企业能够更好地应对市场变化，保持竞争力。

第三节 人事档案数据对组织战略的支持

在当今竞争激烈且充满不确定性的商业环境中，组织战略的制定与有效实施关乎其生死存亡。人事档案数据作为组织内部信息的重要集合，蕴含着丰富且关键的人力资源信息，对组织战略发挥着全方位、深层次的支持作用。

一、助力人才战略规划

组织战略的实现依赖于合适人才的支撑。人事档案数据详细记录了员工的教育背景、专业技能、工作经验、培训经历等信息。通过对这些数据的深度挖掘与分析，组织能够清晰地了解现有员工的人才结构，包括各类专业人才的数量、比例，以及不同层级员工的技能分布情况。例如，一家科技企业在计划拓展人工智能业务领域时，可借助人事档案数据，快速筛选出具有数学、计算机科学等相关专业背景，以及有过机器学习、数据分析项目经验的员工，从而明确内部人才储备状况。基于此，组织可以制订针对性的人才战略规划，对于内部人才不足的部分，通过外部招聘、人才引进等方式补充；对于有潜力但技能有待提升的员工，设计个性化的培训与发展计划，以确保组织在战略推进过程中有充足且适配的人才保障。

二、驱动组织绩效提升战略

组织战略目标的达成以良好的绩效为基础。人事档案中的绩效评估数据、项目成果记录等，为组织分析员工绩效表现提供了一手资料。通过对绩效数据的长期跟踪与对比分析，组织能够识别出高绩效员工群体及其共有的特征，如特定的工作技能、高效的工作方法、优秀的团队协作能力等。这些发现可用于制定绩效提升战略，一方面，将高绩效员工的工作经验与方法在组织内推广，通过培训、经验分享会等形式，帮助其他员工提升绩效；另一方面，在岗位分配与项目任务安排中，依据员工绩效表现与能力特点，实现人岗匹配的最优化，提高整体工作效率与绩效产出。例如，在一个销售团队中，通过分析人事档案中的绩效数据，发现某些销售人员在客户关系维护与新客户拓展方面具有独特技巧，组织便可将这些经验整理成培训课程，提升整个销售团队的业绩水平，有力推动组织销售增长战略的实施。

三、支持组织文化传承与变革战略

组织文化是组织战略的灵魂，优秀的组织文化能够增强员工凝聚力，促进战略的顺利推行。人事档案数据在一定程度上反映了员工的价值观、职业素养以及对组织的认同感。通过挖掘人事档案中的员工故事、优秀事迹等内容，组织可以提炼出符合自身文化价值观的元素，将其融入到企业文化宣传与培训中，强化员工对组织文化的认知与践行，传承优秀文化传统。在组织面临战略转型，需要进行文化变革时，人事档案数据同样发挥着重要作用。通过分析员工对新战略的适应情况、参与变革的积极性等相关数据，组织能够了解员工对文化变革的态度与接受程度，从而有针对性地制定文化变革策略，引导员工逐步接受并适应新的组织文化，确保组织战略转型的文化根基稳固。

四、为战略调整与优化提供依据

组织战略并非一成不变，需要根据内外部环境的变化及时调整与优化。人事档案数据能够实时反映组织内部人力资源的动态变化，如员工离职率、岗位变动情况、技能提升进度等。这些数据是组织内部运营状况的晴雨表，当员工离职率突然升高，可能意味着组织内部管理存在问题；岗位变动频繁，则反映出组织架构与战略匹配度不佳。通过对人事档案数据的持续监测与分析，组织能够及时发现战略执行过程中出现的问题，为战略的调整与优化提供数据依据，使组织战略始终保持与内外部环境的动态平衡，确保组织持续健康发展。

第四节　风险管理与人事档案数据分析

风险管理是一个系统的过程，它涉及识别潜在的风险、评估这些风险的可能性和影响、制定策略来减轻或消除这些风险，并监控这些策略的效果。风险管理的目标是最大化企业价值，同时保护企业免受不确定性和潜在损失的影响。

一、风险管理中的档案数据分析应用

档案数据分析在风险管理中的应用非常广泛，以下是一些具体的例子。

（一）信用风险分析

信用风险分析是风险管理中的关键环节，它通过深入分析客户的信用历史来预测违约可能性。这一过程涉及数据挖掘、模型建立和评估等关键技能。数据挖掘技术能够帮助金融机构从海量数据中发现客户行为模式，识别潜在风险因素，并进行客户分群，从而制定针对性的信用政策。例如，贝叶斯判别分析方法和神经网络等数据挖掘技术在信用评分模型中被广泛应用，它们通过分析用户的基础信息、行为数据、交易数据和第三方数据，挖掘数据中的行为模式及信用特征，捕捉历史信息和信用表现的相关性，以信用评分来综合评估客户的信用表现。

在模型建立方面，选择合适的模型类型如逻辑回归、决策树或神经网络，并进行数据预处理，包括数据清洗、转换和特征选择，以确保模型的准确性和可解释性。模型评估和验证则采用交叉验证、ROC 曲线等指标来衡量模型性能。KMV 模型作为信用风险度量的一种方法，它基于现代资产定价理论，通过企业资产的市场价值、资产价值波动性、到期时间、无风险借贷利率及负债的账面价值来估计企业的市场价值及波动性，从而计算出企业的违约距离和预期违约率。

信用风险数据库的建立和管理对于信用风险分析至关重要。这些数据库由信用信息机构或信用评级机构负责，它们收集、整理和管理个人和机构的信用信息，为金融机构、企业和个人提供信用报告和评级服务。

（二）市场风险分析

市场风险分析是企业风险管理中的重要组成部分，它涉及对市场趋势和消费者行为的深入分析，以预测市场变动对企业产生的影响。通过这种分析，企

业能够更好地把握市场脉搏，制定出更加精准的市场策略。例如，企业可以通过对消费者行为数据的分析，预测产品需求的波动，进而及时调整生产计划和库存水平，有效降低市场波动带来的风险。

在实际操作中，企业可以利用历史销售数据、市场调研结果以及消费者反馈等信息，运用统计分析和预测模型来识别市场趋势和消费者偏好的变化。这些分析结果能够帮助企业在产品开发、定价策略、促销活动等方面做出更加科学的决策。企业还可以通过监测竞争对手的动态，分析宏观经济指标，以及跟踪行业政策变化等，来全面评估市场风险。

（三）操作风险分析

操作风险分析是企业风险管理中的关键环节，它专注于识别和评估由内部流程、人员和系统不足或故障以及外部事件可能导致的损失风险。这种分析对于提升企业的风险管理质量至关重要。通过深入分析内部流程和操作数据，企业能够识别潜在的操作缺陷，从而采取预防措施以减少损失。

在实际操作中，操作风险分析涉及多种工具和方法。风险与控制自我评估（RCSA）是一种结构化过程，它使组织能够识别、评估、监控和报告操作风险。这一过程通常涉及跨部门团队，共同审查业务流程，确定潜在的风险点，并评估现有控制措施的有效性。关键风险指标（KRI）作为监测操作风险水平变化的量化或定性指标，提供了对潜在风险或控制失效的早期预警，使管理层能够及时采取行动。损失数据收集（LDC）则涉及系统地记录和分析与操作风险事件相关的实际损失数据，为组织提供了宝贵的信息，有助于了解风险的实际影响、验证风险模型的准确性，并推动风险决策的制定。

一些大型国际活跃银行和官方或商业机构已经开始建立自己的损失数据库，以收集操作风险损失资料，为操作风险定量分析和模型建立提供工具。例如，英国银行家协会在2000年6月建立了全球操作风险损失数据库，旨在协助成员银行全面提高操作风险管理质量。中国科学院大学的风险管理课题组构建了中国操作风险损失数据库（COLD），收集了1986年至2012年间的2132个操作风险损失事件的数据集，为操作风险的定量研究提供了宝贵的数据支持。

（四）合规风险分析

合规风险分析是企业风险管理中的关键环节，它专注于评估企业遵守法律法规的风险。这一分析过程涉及对法规变化的监控和历史合规数据的深入分析，以预测潜在的合规风险并制定相应的应对策略。

在数据合规性方面，企业必须对合作伙伴的数据安全管理能力进行全面评估。这包括对合作方的数据保护措施、技术能力以及合规记录的详尽审查。通过签署包含保密条款的合规合同，企业可以确保数据在流转过程中的安全，防止数据泄露或滥用。这些合同不仅规定了数据的使用范围和条件，还明确了违反合同时的责任和后果，为数据安全提供了法律保障。

企业需确保数据的实际用途与最初收集目的保持一致，避免未经授权的使用。这要求企业在数据收集、处理和存储的每个环节都遵循最小化原则，只收集实现目的所必需的数据，并确保数据的安全性和隐私性。同时，企业应尊重和维护个人数据主体的合法权益，包括数据访问权、更正权和删除权等。

合规风险分析还包括对企业内部流程的审查，以确保所有操作符合法律法规的要求。这涉及对企业政策、程序和实践的持续监控和评估，以及对员工进行合规培训，提高他们的合规意识和能力。通过这种方式，企业可以及时发现并纠正可能导致合规风险的行为，从而保护企业免受法律制裁、财务损失和声誉损害。

二、数据分析技术在风险管理中的应用

数据分析技术在风险管理中的应用是多方面的，涵盖了从数据的初步探索到深入预测和决策支持的全过程。

（一）描述性分析

描述性分析构成了数据分析的基石，它利用统计手段对数据进行汇总和描述，以揭示数据的内在特性和规律。在风险管理领域，这种分析方法能够帮助企业深入了解自身的经营状况，通过历史数据的分析，识别出风险事件的发生率及其严重程度。描述性分析的关键步骤包括计算数据的集中趋势指标（如平均值、中位数和众数），衡量数据的离散程度（如方差、标准差和极差），评估数据的分布形态（如正态分布、偏态分布），以及探索数据间的相关性（如相关系数分析）。

这些统计结果为风险评估和决策提供了重要的基础信息。例如，通过分析企业财务报表中的关键指标，可以揭示企业的财务健康状况和潜在的财务风险。同样，通过分析客户交易数据，可以发现异常交易模式，从而识别出欺诈风险。描述性分析的结果不仅帮助企业识别风险，还为制定风险缓解措施和优化业务流程提供了数据支持。

（二）诊断性分析

诊断性分析是一种深入挖掘数据以识别问题根源的分析方法。在风险管理

中，诊断性分析使企业能够识别和理解引发特定风险事件的深层次原因。这种分析超越了表面的描述，通过综合市场数据、企业财务报表和行业报告等多维度信息，揭示风险背后的复杂因素和潜在规律。

诊断性分析能够使企业深入理解风险产生的内外部环境，包括市场波动、政策变化、竞争态势以及企业内部流程的缺陷等。通过对这些因素的细致分析，企业可以发现风险事件的触发条件，评估不同因素对风险发生的影响程度，并据此制定有效的风险应对策略。

例如，在金融领域，诊断性分析可以帮助银行识别导致信贷违约的特定因素，如借款人的信用历史、行业趋势或宏观经济条件。在供应链管理中，这种分析能够揭示导致供应链中断的关键环节，如供应商的可靠性、物流效率或市场需求的波动。

（三）预测性分析

预测性分析通过运用统计模型和机器学习技术，对潜在的未来风险进行预测。在金融市场，这种分析尤为关键，因为准确的风险预测对于基金管理企业的成功至关重要。通过实时监控市场动态和风险指标，结合机器学习算法，可以识别出异常交易模式，从而预警市场潜在的风险点。例如，利用机器学习算法对历史交易数据进行分析，可以预测股票价格的波动，帮助投资者做出更明智的投资决策。

在信贷领域，大数据和智能风控模型的应用使得对借款人信用评分和违约概率的预测变得更加精准。这些模型能够处理和分析大量的数据，包括借款人的信用历史、交易行为、社会经济因素等，以预测其未来的信用表现。通过这种方式，金融机构能够更有效地管理信贷风险，优化贷款审批流程，减少不良贷款的产生。

预测性分析不仅提高了风险管理的前瞻性，还增强了企业对市场变化的适应能力。企业可以利用这些分析结果来制定风险缓解策略，优化资源配置，并提高决策的效率和效果。

（四）规范性分析

规范性分析在风险管理中提供具体的行动方案和建议，帮助企业有效应对和管理已识别的风险。这种分析类型通过综合考虑历史数据、模型预测以及可能的风险情景，指导企业如何降低风险、优化资源配置，并制定相应的应对策略。

  在网络安全领域,规范性分析能够指导企业制定预防措施和应急响应计划,以减轻潜在网络攻击的影响。通过对历史安全事件的分析,企业可以识别出最脆弱的环节,并据此加强安全防护措施,提高对网络威胁的防御能力。

  规范性分析还能够帮助企业在面对市场变化、政策调整等外部风险时,制定灵活的应对策略。例如,在供应链管理中,规范性分析可以基于供应商的可靠性和市场变化,建议企业如何调整供应链结构,以降低供应中断的风险。

  规范性分析不仅提供了风险的预测结果,还提供了基于这些结果的具体行动方案。这种分析使企业能够从被动防御转变为主动管理,提前准备并采取行动,以减少潜在损失并提高企业的韧性。

第五章 人事档案信息的安全管理与隐私保护

第一节 人事档案信息安全的重要性

在数字化时代，人事档案信息的价值愈发凸显，其安全与否不仅关系到个人的切身利益，更对组织乃至整个社会的稳定与发展有着深远影响。人事档案信息承载着丰富且敏感的数据，从个人基本身份信息到职业发展轨迹，从健康状况到薪酬福利记录，无一不是重要的隐私内容，保障其安全具有极其重要的意义。

一、保护个人隐私

（一）个人隐私的内涵

个人隐私是指个人生活中不愿意被他人知晓的私密信息，包括家庭情况、健康状况、财务信息等个人生活的细节。个人的通信内容和个人数据也属于隐私范畴。这些信息的保密性直接关系到个人的尊严和自由，因此，保护个人隐私权是维护个人尊严和自由的基本要求。

（二）隐私泄露的风险

1.经济损失

隐私泄露对个人造成的经济损失是显而易见的。当个人的银行账户信息或信用卡数据被不法分子获取后，就会导致账户被盗刷或信用卡被非法使用，直接造成财产损失。这种损失不仅包括被盗资金的直接流失，还涉及因账户安全问题而产生的一系列额外费用。例如，个人需要支付更换被盗用的信用卡或银行卡的费用，以及需要聘请律师来处理因身份盗窃而产生的法律问题。隐私泄露还可能导致个人需要更换丢失或被盗的证件，如身份证、护照等，这同样需要时间和金钱的投入。在某些情况下，隐私泄露还可能影响到个人的信用记录，进而影响到贷款、信用卡申请等金融活动，进一步加剧经济损失。

2.精神压力

当个人信息被泄露后,其往往会陷入对自身安全、财产和声誉的担忧之中,这种持续的焦虑和恐惧感会导致精神压力的增加。人们可能会因为害怕个人信息被滥用而变得过度警惕,这种状态长期存在会严重影响个人的生活质量和心理健康。精神压力的累积还可能引发一系列的心理问题,如失眠、抑郁和焦虑症等,这些心理问题不仅影响个人的情绪状态,还会对身体健康产生负面影响。

二、保障企业正常运营的关键

(一)维护企业人才管理秩序

企业的人事档案记录了全体员工的详细信息,是企业进行人才选拔、调配、培训与发展的重要依据。安全的人事档案信息能够确保企业人才管理决策的科学性与公正性。通过对员工档案中技能水平、工作表现、职业发展潜力等数据的分析,企业可以合理安排岗位,将合适的人才匹配到合适的工作中,提高工作效率和团队协作效果。若人事档案信息泄露或被篡改,可能导致企业人才管理混乱。例如,关键岗位的人员选拔可能因错误的档案信息而选错人才,影响项目进度和企业业绩;员工培训计划可能因对员工技能掌握不准确而无法达到预期效果,浪费企业资源。档案信息泄露还可能引发员工之间的信任危机,降低员工对企业的忠诚度,进而影响企业的整体运营氛围和稳定性。

(二)保护企业商业秘密与核心竞争力

部分员工的人事档案中可能包含与企业商业秘密相关的信息,如参与的重要项目细节、掌握的关键技术、客户资源等。这些信息是企业核心竞争力的重要组成部分,一旦泄露给竞争对手,将给企业带来巨大的经济损失,甚至危及企业的生存。例如,一家高科技企业的研发人员档案中记录了其参与的新产品研发项目的关键技术参数和实验数据。若这些信息被竞争对手获取,竞争对手可能提前推出类似产品,抢占市场份额,使该企业在激烈的市场竞争中处于被动地位。因此,保障人事档案信息安全,对于保护企业商业秘密,维护企业核心竞争力至关重要。

三、促进社会稳定与和谐发展的保障

(一)支撑社会公共服务与管理

在宏观层面,人事档案信息广泛应用于社会公共服务与管理领域。政府部门在制定就业政策、社会保障政策、人才发展规划等方面,需要参考大量的人事档案数据,以了解劳动力市场的人才结构、就业趋势、人员流动情况等信息,从而做出科学合理的决策。例如,人社部门通过分析人事档案中的就业数据,能够及时调整就业培训计划,为失业人员提供更有针对性的技能培训,促进就业稳定。若人事档案信息出现安全问题,数据的真实性和完整性受到破坏,将影响政府部门决策的准确性,进而影响社会公共服务的质量和效果,对社会的稳定发展产生不利影响。

(二)维护社会诚信体系

人事档案信息在一定程度上反映了个人的诚信状况,如工作中的诚信表现、有无违法违纪记录等。这些信息是社会诚信体系建设的重要组成部分。一个健全的社会诚信体系依赖于准确、可靠的个人信用信息记录。人事档案信息安全得到保障,能够确保个人诚信记录的真实性和公正性,为社会信用评价提供有力支撑。例如,在金融机构发放贷款、企业进行商业合作等场景中,往往会参考个人或企业相关人员的人事档案信用信息。若档案信息被随意篡改,破坏了诚信记录的真实性,将扰乱社会信用秩序,增加社会交易成本,阻碍社会诚信体系的建设和完善,对社会的和谐发展造成负面影响。

第二节 技术手段的安全防护

技术手段在人事档案信息安全防护中的应用是多方面的,涉及物理安全、网络安全等多个层面。

一、物理安全与技术防护

物理安全是人事档案安全防护的基础,它涉及档案的存放、保管、访问控制等多个方面。

(一)档案存放与保管

人事部门和档案工作机构需建立一套科学的档案管理秩序,以实现档案的有序存放和有效保护。档案应根据其性质和重要性进行细致分类,以实现同类档案的集中管理,这不仅有助于档案的快速检索,也便于日常管理;每份档案都应赋予一个唯一的编号,这有助于档案的追踪和精确管理;档案存放的环境至关重要,必须确保环境干燥、避免阳光直射、防止虫害和火灾,以保护档案不受环境因素的损害；档案架的选择也不容忽视，应使用坚固且稳定的档案架来存放档案，以确保档案的物理安全。

（二）阅档场所、整理场所、办公场所的分离

为了降低档案遭受未授权访问或损害的风险，必须将阅档场所、整理场所和办公场所进行物理分离。阅档区域应设计为一个安全的环境，严格控制非授权人员的进入，以保护档案在查阅过程中的安全。整理档案的区域需要有专人负责，这样可以在档案整理过程中防止档案的丢失或损坏。同时，办公区域应与档案存放区域保持独立，以避免日常工作可能对档案安全造成的影响。这种分离不仅有助于提高档案的物理安全性，还有助于维护档案的保密性和完整性。

（三）访问控制与身份验证

在人事档案的物理安全防护中，对档案访问的严格控制涉及对不同人员访问权限的明确划分，确保只有获得授权的人员才能接触到特定的档案资料。对于所有企图进入档案库房的人员，必须实施严格的身份验证程序，以保证只有经过授权的人员能够进入这一敏感区域。为了进一步提升安全防护，档案库房应安装先进的监控系统，实现对库房进出情况的实时监控。这样的监控不仅能及时发现任何异常行为，还能为档案安全提供额外的保障。

二、网络安全措施

加密技术是保护人事档案信息安全的基础。通过使用 SSL/TLS 协议对数据进行加密传输，可以确保数据在传输过程中的机密性和完整性。这种加密技术可以防止数据在传输过程中被截获和篡改，为人事档案信息提供了一层基本的安全保护。

防火墙作为网络安全的第一道防线，通过预设的安全规则控制进出网络的流量。防火墙能够有效地阻挡未经授权的访问和已知的网络攻击，保护内部网络不受外部威胁的影响。

安全审计也是网络安全中不可或缺的部分。实施全面的安全审计，可以及时发现并响应安全事件。通过记录和分析网络活动，安全审计可以帮助组织发现潜在的安全威胁，并采取相应的措施来防范。

入侵检测系统（IDS）和入侵防御系统（IPS）是网络安全的另外两个重要技术手段。IDS 负责监控网络流量，识别潜在的恶意活动；而 IPS 则在检测到攻击时主动阻止。这两种系统的结合使用，可以大幅提升网络安全防护能力，有效防御各种网络攻击。

虚拟专用网络（VPN）技术为远程访问提供了安全的通道。通过 VPN，即使在公共网络上，也可以确保数据传输的安全性和保密性，这对于需要远程访问人事档案信息的员工来说尤为重要。

多因素身份验证（MFA）为人事档案信息的安全访问提供了额外的保护层。MFA 要求用户提供两种或更多种身份验证因素，如密码、短信验证码、生物识别等，这大大增加了非法入侵的难度。

三、人员安全意识与培训

在数字化和网络化的背景下，人事档案管理领域面临着日益复杂的安全挑战。因此，提升管理人员的安全意识和技能，对于预防和应对安全威胁至关重要。

定期开展网络安全相关的法律法规、政策标准的宣传教育是提高人员安全意识的基础。通过这些教育活动，管理人员能够了解当前网络安全的形势、法律法规的要求以及政策标准的具体内容。这不仅有助于管理人员树立正确的网络安全观念，还能够促使他们在日常工作中自觉遵守相关法律法规，遵循政策标准。

针对网络相关运维人员的专业技能培训及考核，是提升网络安全防护能力的重要手段。在人事档案管理领域，管理人员需要掌握数据保护、系统安全、应急响应等专业技能。通过定期的专业技能培训，管理人员能够及时更新知识，提高技能水平，更好地应对网络安全威胁。同时，通过考核机制，可以确保培训效果，激励管理人员持续提升自身能力。

在培训内容上，管理人员需要了解如何保护敏感数据，包括数据的加密、备份和恢复等；应掌握操作系统、数据库和网络设备的安全管理知识，包括权限管理、漏洞扫描和补丁管理等；了解网络安全事件的应急响应流程，包括事件识别、响应和恢复等；掌握如何进行安全审计，包括日志分析、异常检测和风险评估等；了解组织的安全政策和程序，包括访问控制、数据分类和信息共享等；应关注最新的网络安全威胁和防御技术，包括恶意软件、钓鱼攻击和社交工程等。

通过这些培训内容，管理人员能够全面提高自身的网络安全防护能力。此外，还应鼓励管理人员参与网络安全相关的研讨会、工作坊和在线课程，以获取最新的网络安全知识和技能。

第三节　隐私保护的法律框架

一、总则与适用范围

《中华人民共和国个人信息保护法》（以下简称《个保法》）是中国个人信息保护领域的重要法律文件，其总则部分明确了个人信息的法律保护地位，并规定了法律的适用范围。

（一）个人信息的法律保护地位

《个保法》的制定，标志着个人信息权益在中国法律体系中得到了明确的保护地位。该法律不仅确立了个人信息的法律保护地位，而且对个人信息的处理活动提供了全面的规范和指导。

《个保法》明确规定，自然人的个人信息受到法律的保护，任何组织和个人都不得侵害自然人的个人信息权益。这一规定体现了个人信息作为一种基本权利，受到国家法律的严格保护。个人信息的范畴广泛，包括以电子或其他方式记录的与已识别或可识别的自然人有关的各种信息，但不包括匿名化处理后的信息。个人信息的处理活动，包括收集、存储、使用、加工、传输、提供、公开、删除等，均受到《个保法》的规范。

《个保法》的制定，旨在保护个人信息权益，规范个人信息处理活动，并促进个人信息的合理利用。法律通过确立个人信息处理的基本原则和规则，为个人信息的处理者提供了明确的法律指引，同时也为个人提供了维护其个人信息权益的法律手段。

（二）适用范围

《个保法》第三条明确规定了法律的适用范围，这不仅包括在中国境内处理自然人个人信息的活动，也涵盖了境外处理中国境内自然人个人信息的活动。具体而言，以下几种情形均适用《个保法》：

（1）境外的组织或个人以向中国境内自然人提供产品或服务为目的而处理个人信息；

（2）境外的组织或个人分析、评估中国境内自然人的行为而处理个人信息；

（3）法律、行政法规规定的其他情形。

这些规定体现了《个保法》的域外效力，即中国的法律不仅在中国境内有效，还能对境外的某些活动产生影响。《个保法》确保了个人信息在全球范围内得到保护，无论信息处理活动发生在哪里。

二、个人信息处理规则

《个保法》在第二章中详细规定了个人信息处理的一般规则，这些规则为个人信息的处理提供了明确的法律框架和操作指引。

《个保法》强调个人信息的处理应遵循合法、正当、必要的原则。这意味着个人信息的处理必须有法律依据，不得违反法律的禁止性规定；必须基于合理的理由，不得出于不正当的动机；必须在实现特定目的所必需的范围内进行，不得超出这一范围。

个人信息的处理还应遵循诚信原则，不得通过误导、欺诈、胁迫等方式处理个人信息。这要求个人信息处理者在处理个人信息时必须诚实守信，不得利用不正当手段获取个人信息。

《个保法》还规定，个人信息处理者应当公开处理规则，明示处理的目的、方式和范围。这一规定旨在保障信息主体的知情权，使个人能够了解其个人信息被如何处理。

此外，个人信息的处理应保证信息的准确性，避免因个人信息不准确、不完整对个人权益造成不利影响。个人信息处理者应当采取必要措施保障所处理的个人信息的安全，防止信息泄露、篡改和丢失。

《个保法》还强调了个人信息处理的目的原则和最小必要原则，即个人信息的处理应当具有明确、合理的目的，并且应当限于实现处理目的的最小范围。

三、敏感个人信息的处理规则

《个保法》中，对敏感个人信息的处理规则进行了严格的规定，以加强对这类信息的保护。敏感个人信息被定义为一旦泄露或非法使用，容易导致自然人的人格尊严受到侵害或人身、财产安全受到危害的个人信息，包括生物识别、特定身份、医疗健康、金融账户、行踪轨迹等信息。

《个保法》明确规定，只有在具有特定的目的和充分的必要性，并采取严格保护措施的情形下，个人信息处理者方可处理敏感个人信息。这意味着，对于敏感信息的处理，必须有明确的处理目的和必要性，并且必须采取相应的保护措施以确保信息安全。

处理敏感个人信息应当取得个人的单独同意；如果法律、行政法规规定需要书面同意，则应遵循相关规定。这一规定强调了个人同意的独立性，即敏感个人信息的处理不能与其他个人信息处理行为混为一谈，必须单独获得个人的明确同意。

第四节　企业人事档案安全管理制度与流程

一、档案管理原则

（一）基础管理

档案管理是企业人力资源管理中的关键环节，它遵循一系列基础原则以保障工作的有序性。这些原则首先体现在档案的分类上，企业需根据档案的性质和内容将其细致划分，例如区分为员工入职、培训、绩效和离职等类别，并为每一类制定明确的分类标准和标识，以便于识别和归档。档案的及时归档也是确保时效性的重要措施，所有档案都应在规定的时间内完成归档流程。

在档案的物理存放方面，强调排列的有序性和层次的清晰性，有助于提高档案的检索效率和管理的便捷性。档案的整理工作同样重要，它要求遵循既定的规范和标准，确保每一份档案都能保持整洁和规范，从而维护档案的完整性和可读性。这些细致的管理措施共同构成了企业档案管理的基础框架，它们不仅保障了档案的安全性和可靠性，也为人力资源的决策提供了坚实的信息支持。

（二）真实性核查

人事档案的真实性对企业用人决策至关重要，因此，人力资源部门承担着核实员工档案真实性和有效性的重要职责。这涉及对员工提交的各类个人文件进行严格审查，包括身份证明、学历学位证书以及职业资格证明等。企业对那些提交虚假信息的员工持有零容忍态度，对于发现提供虚假资料的应聘人员，企业将直接拒绝录用；对于已在职的员工，一旦查实资料造假，企业将根据既定规章制度进行解聘。这一措施能够确保企业招聘过程的诚信和准确性，避免因资料不实而带来的潜在风险。

（三）档案归档

档案归档是档案管理的核心环节。企业需将员工档案依据其在职状态分为在职与离职两大类，随后对这些档案进行系统的整理和归档工作。每一份档案都需详细记录，包括档案编号、员工姓名、入职日期及档案所包含的具体内容等关键信息。归档的目的是未来的查询和利用，因此，原则上，所有人事档案都应进行永久保存。这种做法不仅为企业提供了宝贵的决策支持，而且为员工的职业生涯提供了一份详尽的记录。

（四）资料更新

在员工的职业生涯中，个人资料的更新是不可避免的。无论是学历的提升、职称的变动还是婚姻状况的改变，这些个人重要信息的更新对企业来说同样重要。企业必须确保档案中的数据反映员工的最新情况，以维持档案的准确性和完整性。员工应主动向人力资源部门报告个人资料的任何变化，并提供相应的证明文件。人力资源部门承担着更新档案的责任，确保所有新的资料都被准确地整合到员工的个人档案中。

（五）档案调动

当员工在企业内部转岗时，原部门需确保员工档案的完整性，并及时将档案移交给新部门。新部门接收档案后，需要进行详细核对，并更新档案登记信息，以保证档案信息的连续性和完整性。对于新入职员工，人力资源部门需在办理入职流程之前，调取并审查其个人档案，确保所有信息无误，并在员工正式报到前完成档案的登记工作。这一系列流程不仅保障了档案资料的有序传递，而且有助于新部门快速了解员工的背景信息，从而更有效地进行人员管理和岗位安排。

二、档案查、借阅规定

档案查、借阅规定是企业人事档案管理中的重要组成部分，旨在确保档案的安全、保密以及合理利用。

（一）保密与非保密档案的管理

保密档案囊括了企业的核心机密，这些信息的泄露会给企业带来严重的后果。因此，这类档案严禁外借，并且必须在严格的安全监控下存放，仅允许在特定的安全环境中进行查阅。与之相对，非保密档案虽然涉及的信息不那么敏感，但它们的管理和使用同样需要遵循既定的规定。员工在工作过程中如需查阅或借阅非保密档案，必须通过正式的审批流程，提交审批单并经人力资源部经理的批准。这一规定不仅确保了档案的合规使用，也有效避免了未经授权的访问，保障了档案信息的安全。

（二）跨部门查、借阅的限制

为确保企业内部信息安全和防止泄露，人事档案管理中对跨部门查、借阅实行了严格的限制。这种政策旨在降低敏感信息外泄的风险,同时尊重和保护员工隐私。在这一框架下,员工被禁止跨部门查询或借阅人事档案,确保了信息的控制和流向处于严格监管之下。尤为重要的是,下级员工被明确禁止查阅或借阅其上级的人事档案,这一措施有助于保持管理层的权威,维护组织内部的等级秩序和稳定。通过这些措施,企业能够建立起一个安全、有序的档案管理环境,为档案信息的安全提供了坚实的保障。

(三)领导查、借阅权限

在企业中,特定的高级管理人员和人力资源部门的工作人员因其职责所在,可能需要直接访问员工的人事档案。这些人员负责企业的关键运营和人力资源决策,因此被授予了查阅档案的特殊权限。他们对企业的战略规划和人才管理起着至关重要的作用,需要依赖人事档案中的信息来做出明智的决策。尽管如此,这些人员在查阅档案时也必须严格遵守保密协议和安全准则,确保信息安全不被侵犯。这意味着,即使是在高层管理人员中,对人事档案的访问也要遵循一定的原则,以防止任何形式的信息滥用或泄露。

(四)归还与登记

为了维护档案的安全性,所有借出的档案都必须在预定的时间内归还,这是档案管理的一项基本要求。人力资源部门承担着监督档案借阅和归还的职责,并且需要对每一次的借阅活动进行详尽的记录。这包括记录借阅人的身份信息、借阅的具体时间、档案的归还时间,以及档案在借出期间的状态。这样的登记制度,可以有效地追踪档案的使用情况,确保档案在借阅过程中的安全。此外,详细的登记记录在档案发生丢失或损坏时,能够提供关键的追踪信息,帮助查明原因并采取相应的补救措施。

三、档案销毁

档案销毁是企业信息生命周期管理的最终环节,它确保了不再需要的档案资料得到妥善处理,防止了敏感信息的泄露。档案的销毁必须遵循严格的流程和规定,以确保企业信息的安全和合规。

(一)销毁审批流程

当企业中的人事档案达到其预设的保存期限,它们不会立即被销毁,而是要经过一个严格的审批流程。人力资源部门首先要对这些档案进行价值评估,以确定它们是否还具有保存的必要性。一旦确认档案已无保存价值,人力资源部将负责填写一份详细的档案销毁审批表,其中需阐明销毁档案的理由及档案的详细内容。这份审批表随后会被提交至企业管理层或其他相关部门进行审查和批准。档案只有在获得明确批准之后，才能正式进入销毁程序。这一流程不仅确保了档案处理的合规性，也保障了档案销毁的合理性和安全性。

（二）销毁登记

在人事档案获得销毁批准之后，企业必须执行一套严格的登记程序。这一程序要求对即将销毁的档案进行彻底的核对工作，以保证待销毁的档案与审批文件中列出的档案完全相符。在档案被销毁之前，需要详细记录所有相关的信息，包括档案编号、内容概述以及具体的销毁日期等，这些信息将被记录在销毁登记表中。重要的是，这些登记表必须被永久保存，以便在未来进行审计或需要查询时能够提供必要的信息。通过这样的登记管理，企业能够确保档案销毁过程的透明性和可追溯性，同时也为企业可能面临的法律审查或内部检查提供了充分的文件支持。

（三）销毁方法的选择

档案的销毁方法必须符合国家相关法律法规的要求，以确保信息的彻底销毁和防止信息泄露。根据《企业档案管理规定》（国家档案局令第21号）和《中华人民共和国档案法实施条例》，档案销毁需要遵循严格的程序和方法。

在选择销毁方法时，企业应考虑档案的类型和内容。对于纸质档案，物理销毁是常见的方法，包括粉碎、焚烧等。这些方法能够有效地破坏纸质文件，确保信息无法被恢复。例如，使用工业级碎纸机将文件彻底粉碎，是一种安全且常见的物理销毁方式。

对于电子档案，销毁方法则涉及数据擦除、格式化硬盘等电子销毁手段。这些方法可以确保电子数据被彻底删除，无法通过技术手段恢复。电子档案的销毁还应包括信息清除和介质销毁两个层面，其中信息清除方法包括删除操作、格式化、数据覆写、紫外线照射删除等。

（四）销毁过程的监督

档案销毁是一个需要严格监督的过程，以确保其符合规定并安全进行。为此，企业会指派专门的监督人员来确保整个销毁流程的合规性和安全性。这些监督人员负责核查销毁方法是否得到正确实施，并在销毁工作完成后出具相应的销毁证明，以此作为档案已被正式销毁的证据。

除了监督销毁操作的准确性，监督人员还需确保销毁过程中不存在安全隐患。这包括预防可能发生的火灾等安全事故，确保销毁工作在安全的条件下进行。监督人员需对销毁现场进行实时监控，确保所有安全措施得到执行，比如在焚烧档案时采取适当的防火措施，或在使用碎纸机时遵守操作规程以防止意外伤害。

（五）销毁后的记录保存

档案销毁后，相关记录需保存以确保企业在面临法律诉讼或审计时能够提供必要的证据。根据《中华人民共和国档案法实施条例》和《企业档案管理规定》（国家档案局令第 21 号），档案销毁后的记录保存有明确的要求和指导。

档案销毁后，必须编制档案销毁清册，详细列明拟销毁档案的档号、文号、责任者、题名、形成时间、应保管期限、已保管期限和拟销毁时间等内容。这份清册在档案销毁后需要永久保存，以确保档案的销毁过程有迹可循，同时为档案的管理和利用提供依据。

档案销毁清册的保存不仅是对档案物理状态的一种记录，也是对档案管理责任的一种体现。在档案销毁过程中，监销人员需要在档案销毁清册上签名、盖章，确认销毁无误后，该清册同样需要永久保存。

对于电子档案和档案数字复制件的销毁，除了清册的保存外，还应当留存电子档案和档案数字复制件元数据，并在管理过程元数据、审计日志中自动记录销毁活动。这一措施有助于在电子档案管理中保持透明度和可追溯性。

第六章　人事档案的合法性与合规性管理

第一节　人事档案的合规管理要求

合规管理人事档案是企业必须履行的责任,这不仅能保障员工的合法权益,维护企业的良好形象,还能有效规避潜在的法律风险,为企业的可持续发展筑牢根基。

一、遵循国家法律法规

（一）档案法相关要求

《中华人民共和国档案法》为人事档案管理提供了基础性的法律框架。企业必须依据档案法规定,建立健全档案管理制度,确保人事档案的收集、整理、保管、利用等各个环节符合法律规范。例如,档案法要求企业妥善保管档案,配备必要的设施设备,防止档案损毁、丢失。这就意味着企业要建立专门的档案室,配备防火、防潮、防虫、防盗等设施,对纸质档案进行物理防护；对于电子档案,则要采用可靠的存储设备与备份技术,确保数据的安全存储。同时,档案法明确规定了档案的开放与利用原则,企业在提供人事档案查阅服务时,需遵循相关规定,严格控制查阅范围,履行审批手续,保障档案信息的安全与合理使用。

（二）个人信息保护法的约束

随着《中华人民共和国个人信息保护法》的实施,人事档案管理中的个人信息保护成为重中之重。人事档案包含员工大量的个人敏感信息,如身份证号码、家庭住址、健康状况、薪资信息等。企业在收集这些信息时,必须遵循"合法、正当、必要"原则,明确告知员工收集信息的目的、方式和范围,并取得员工的同意。在存储与处理过程中,要采取加密、访问控制等技术措施,防止个人信息泄露、篡改、丢失。例如,企业在使用员工的健康信息进行工作安排调整时,需严格遵循个人信息保护法,仅在必要的范围内使用,并对信息进行加密处理,确保员工隐私不被侵犯。一旦发生个人信息泄露事件,企业应按照法律要求，及时通知员工，并向相关部门报告，采取补救措施，降低损害后果。

（三）劳动法律法规的关联

劳动法律法规在人事档案管理中也有着重要的影响。例如，《中华人民共和国劳动合同法》规定，用人单位应当如实记录劳动者的工作岗位、工作时间、劳动报酬等信息，这些信息都属于人事档案的重要内容。企业在档案管理中要确保这些信息的准确性与完整性，因为它们不仅是员工劳动权益的重要依据，也是企业在劳动纠纷处理中的关键证据。在员工离职时，企业应按照法律规定，及时为员工办理档案转移手续，不得扣押或拖延，否则将面临法律责任。同时，劳动法律法规对员工的职业健康档案管理也有明确要求，企业需依法建立并妥善保管员工的职业健康检查记录等档案，保障员工的职业健康权益。

二、建立内部合规管理制度

（一）档案管理流程规范

企业应制定详细、规范的人事档案管理流程，明确从档案的收集、整理、归档到存储、查阅、借阅、销毁等各个环节的操作标准与责任分工。在收集环节，规定各部门提交员工档案材料的时间节点与格式要求，确保信息收集的及时性与规范性。例如，人力资源部门在员工入职后一周内，应收集齐全员工的基本信息、学历证书、劳动合同等档案资料；员工在职期间，业务部门应在项目结束后一个月内，将员工的项目绩效评估报告提交给人力资源部门归档。在整理与归档环节，明确档案分类标准与编号规则，按照员工类别、档案内容类别等进行分类整理，便于档案的查找与管理。对于档案的查阅与借阅，制定严格的审批流程，明确不同级别员工与不同档案内容的审批权限。例如，普通员工查阅自己的档案，需经部门主管签字同意；外部单位借阅员工档案，必须经过企业高层领导审批，并签订保密协议。

（二）信息安全管理制度

鉴于人事档案信息的敏感性，企业必须建立完善的信息安全管理制度。从物理安全、网络安全、数据安全等多个层面进行防护。在物理安全方面，加强档案室的安保措施，限制无关人员进入，安装监控设备，确保档案实体的安全。网络安全方面，安装防火墙、入侵检测系统、防病毒软件等，防止外部网络攻击与恶意软件入侵，保障档案信息系统的网络安全。数据安全方面，采用数据加密技术，对传输与存储的档案信息进行加密处理，确保信息的保密性；建立数据备份与恢复机制，定期对档案数据进行备份，并存储在异地安全的存储设备中，防止因硬件故障、自然灾害等原因导致数据丢失。同时，明确信息安全事故的应急处理流程，一旦发生信息泄露等安全事件，能够迅速启动应急预案，采取有效措施进行处理，降低损失。

（三）员工培训与教育制度

为确保全体员工了解并遵守人事档案合规管理要求，企业应建立员工培训与教育制度。定期组织针对档案管理人员的专业培训，提升其业务能力与合规意识。培训内容包括档案管理法规政策解读、档案管理流程操作规范、信息安全防护技术等。例如，邀请法律专家对档案管理人员进行法律法规培训，使其深入理解档案管理中的法律责任与义务；组织内部培训师对档案管理系统的操作进行培训，提高档案管理人员的数据录入、检索、备份等操作技能。对于全体员工，开展人事档案信息安全与合规意识培训，通过案例分析、知识讲座等形式，让员工了解人事档案信息的重要性，以及在日常工作中如何保护个人信息与企业档案信息安全。例如，通过讲解实际发生的信息泄露案例，让员工认识到信息安全风险的严重性，掌握如何设置强密码、不随意泄露个人信息等基本的信息安全防护知识。

三、规范档案的利用与共享

（一）内部利用的权限控制

企业在内部提供人事档案利用服务时，要严格控制访问权限，根据员工的工作职责和岗位需求，为其分配不同级别的档案访问权限。例如，人力资源部门的管理人员可访问全体员工的档案信息，因为其工作需要对企业人力资源状况进行全面了解和管理；部门主管可查看本部门员工的部分档案信息，如工作业绩、考勤记录等，用于部门内部管理；普通员工仅能访问自己的档案信息，且一般只有查看权限，无法修改关键信息。通过这种权限控制，确保档案信息在企业内部的合理利用，防止因权限不当导致的信息泄露和滥用。同时，建立档案查阅记录制度，对员工查阅档案的时间、内容、用途等信息进行详细记录，以便追溯和审计。

（二）外部共享的合规审查

当企业需要将人事档案信息与外部单位共享时，如在员工入职背景调查、企业合作项目涉及人员信息共享等情况下，必须进行严格的合规审查。首先，要明确共享的目的、范围和方式，确保共享行为符合法律法规要求，且经过员工的同意。在共享前，对共享的档案信息进行脱敏处理，去除员工的敏感信息，如身份证号码、家庭住址、薪资信息等，只提供与共享目的相关的必要信息。同时，与外部单位签订保密协议，明确双方在信息共享过程中的权利和义务，要求外部单位对共享的档案信息严格保密，不得用于其他目的。此外，企业要对外部单位的信息安全管理能力进行评估，确保共享的档案信息在外部单位能够得到妥善的保护，避免信息泄露风险。

（三）档案利用的监督与评估

为确保人事档案利用过程的合规性，企业应建立监督与评估机制。定期对档案利用情况进行检查，查看是否存在违规访问、滥用档案信息等问题。例如，通过审计档案查阅记录，检查是否有员工超出权限查阅档案；对档案共享情况进行跟踪，检查外部单位是否按照协议约定使用档案信息。同时，对档案利用的效果进行评估，了解档案信息在企业人事决策、业务开展等方面的作用发挥情况，收集员工和相关部门对档案利用服务的反馈意见，以便不断优化档案利用流程，提高档案利用效率和质量，同时保障档案信息的安全与合规使用。

第二节　人事档案合规管理的监督与检查

人事档案合规管理对于维护档案的真实性、完整性和保密性不仅关系到员工个人权益，更影响着企业人力资源管理的有序运行以及法律法规的有效遵循。而监督与检查作为保障人事档案合规管理的关键环节，能够及时发现管理过程中的问题与漏洞，督促整改落实，确保人事档案工作在合法合规的轨道上推进。

一、监督与检查的目标

人事档案合规管理监督与检查的核心目标是确保档案管理活动严格符合国家法律法规、行业规范以及企业内部制定的相关制度。具体而言，一是要保证档案内容真实可靠，杜绝虚假信息的录入与篡改，维护档案的公信力；二是确保档案收集、整理、存储、使用和传输等各个环节操作规范，遵循既定流程，防止因操作不当导致档案损坏、丢失或信息泄露；三是促进企业对档案管理相关法律法规的贯彻执行，避免因违法违规行为引发法律风险和声誉损失。

二、监督与检查的主体

（一）企业内部监督主体

1. 人力资源部门内部监督小组

人力资源部门作为人事档案的直接管理部门，应设立专门的内部监督小组。小组成员由熟悉档案管理业务、具备一定法律知识和严谨工作态度的人员组成。他们负责对本部门日常的档案管理工作进行常态化监督，定期检查档案管理流程的执行情况，及时发现并纠正内部员工的违规操作行为。

2. 企业审计部门

企业审计部门具有独立的监督职能，能够从宏观层面和财务审计的角度对人事档案管理进行审查。审计部门通过定期开展专项审计，检查档案管理的预算执行情况、设备采购合规性以及档案管理过程中的成本效益等方面，评估人事档案管理工作是否符合企业的整体运营目标和内部控制要求。

3. 合规管理部门

合规管理部门专注于企业运营的合规性审查，在人事档案管理方面，其主要职责是对照国家法律法规、行业准则以及企业内部规章制度，对档案管理的制度建设、流程设计和实际操作进行全面合规性评估，确保档案管理活动不触碰法律红线。

（二）外部监督主体

1. 政府档案管理部门

各级政府档案管理部门依据国家档案管理法规，对企业人事档案管理工作行使监督指导职责。政府档案管理部门通过定期或不定期的检查，督促企业遵守档案管理的国家标准和规范，推动企业提升档案管理水平，保障档案信息资源的安全与有效利用。

2. 劳动监察部门

劳动监察部门主要从劳动法律法规的执行角度对人事档案管理进行监督。重点关注档案管理过程中涉及员工权益的方面，如档案的建立是否及时、档案内容是否完整准确反映员工的劳动权益信息、档案的转移与保管是否符合劳动法规要求等，以维护劳动者的合法权益。

三、监督与检查的内容

（一）档案管理制度的合规性

检查企业是否建立了完善且符合法律法规要求的人事档案管理制度，包括档案的收集范围、整理标准、保管期限、借阅审批流程、保密规定以及档案数字化管理规范等。制度条款应明确、具体，具有可操作性，并且要根据法律法规的变化和企业实际情况及时更新修订。

（二）档案内容的真实性与完整性

1.真实性检查

核实档案中的员工个人信息，如身份信息、学历学位证书、工作经历证明、奖惩记录等是否真实有效。通过与相关机构或单位进行核实，如联系学校确认学历真实性、向原工作单位核实工作经历等，防止虚假信息混入档案。

2.完整性检查

查看档案是否涵盖了员工从入职到离职全过程的关键信息，包括入职登记表、劳动合同、培训记录、绩效考核材料、薪资调整记录、离职证明等。确保档案材料齐全，不存在重要信息缺失的情况。

（三）档案管理操作流程的规范性

检查是否按照规定的范围和时间及时收集员工档案材料，收集的材料是否经过严格审核，确保材料的质量和规范性；查看档案整理是否符合标准，如分类是否准确、编号是否规范、装订是否整齐等，保证档案便于检索和管理；监督档案存储环境是否符合要求，包括库房的温湿度控制、防火防盗设施配备、存储设备的维护等，确保档案实体和信息的安全；审查档案借阅、查阅的审批流程是否严格执行，借阅记录是否完整，借阅人员是否遵守保密规定，防止档案信息被不当使用或泄露；对于涉及档案信息的电子传输，检查是否采取了加密等安全措施，确保传输过程中信息的保密性、完整性和可用性。

四、监督与检查的方式

（一）定期检查与不定期抽查相结合

1.定期检查

制订详细的年度或季度监督检查计划，按照计划对人事档案管理工作进行全面、系统的检查。定期检查一般涵盖档案管理的各个方面，包括制度建设、流程执行、档案实体和信息的保管等，通过定期检查可以对档案管理工作进行阶段性评估，发现存在的系统性问题。

2.不定期抽查

在定期检查的基础上，针对档案管理的重点环节、关键岗位或近期出现问题较多的领域进行不定期抽查。不定期抽查具有随机性和突然性，能够有效发现日常管理中容易被忽视或故意隐瞒的问题，起到震慑作用。

（二）现场检查与非现场检查相结合

1.现场检查

监督检查人员深入企业档案管理部门的办公场所、档案库房等实地进行检查。通过查看档案实体、操作现场、设备设施运行情况以及与档案管理人员面对面交流等方式，直观了解档案管理工作的实际状况，发现存在的问题和潜在风险。

2.非现场检查

利用信息化手段，如通过档案管理系统远程查看档案管理数据、操作日志、审批流程记录等，对档案管理工作进行非现场的数据分析和监测。非现场检查可以提高检查效率，扩大检查范围，及时发现一些通过现场检查难以察觉的问题，如系统操作的合规性、数据的准确性等。

（三）自查与互查相结合

1.自查

要求企业各部门，尤其是人力资源部门和档案管理岗位的员工定期开展自查工作。员工根据自身岗位职责和档案管理规范，对自己负责的档案管理工作进行自我检查和评估，及时发现并纠正工作中的问题，同时形成自查报告，上报给上级主管部门。

2.互查

组织企业内部不同部门之间或同行业企业之间进行档案管理工作的互查活动。通过互查，各部门或企业可以相互学习借鉴先进的管理经验，同时从不同视角发现自身存在的问题，促进档案管理水平的共同提升。

五、监督与检查结果的运用

（一）问题整改与跟踪

对于监督检查中发现的问题，及时下达整改通知书，明确整改要求、责任人和整改期限。整改责任人应制订详细的整改计划，并在规定时间内完成整改任务。监督检查部门要对整改情况进行跟踪复查，确保问题得到彻底解决，形成监督检查的闭环管理。

（二）绩效评估与奖惩

将人事档案合规管理监督检查结果纳入相关部门和人员的绩效考核体系。对于档案管理工作规范、表现优秀的部门和个人给予表彰和奖励，如颁发荣誉证书、给予绩效奖金等，激励员工积极做好档案管理工作；对于存在严重违规行为或整改不力的部门和个人，进行绩效扣分、警告、降职等处罚，强化员工的合规意识。

（三）制度优化与流程改进

通过对监督检查结果的分析，总结档案管理工作中存在的共性问题和薄弱环节，深入剖析问题产生的原因。针对这些问题，及时对档案管理制度和操作流程进行优化和改进，完善内部控制机制，堵塞管理漏洞，防止类似问题再次发生，不断提升人事档案合规管理水平。

人事档案合规管理的监督与检查是一项综合性、系统性的工作，需要企业内部各部门的协同配合以及外部监管部门的有效监督。通过明确监督检查目标、确定多元监督主体、细化检查内容、采用科学合理的检查方式以及充分运用检查结果，能够及时发现和解决人事档案管理过程中的合规问题，确保人事档案的安全、完整和有效利用，为企业的稳定发展和员工权益的保障提供坚实支撑。在不断变化的法律法规环境和企业发展需求下，持续加强和完善人事档案合规管理的监督与检查机制，是企业实现可持续发展的必然要求。

第七章　人事档案信息的智能化

第一节　智能化管理的概念与优势

一、智能化管理的概念

智能化管理是指运用现代信息技术，特别是人工智能技术，对企业或组织的管理活动进行优化和自动化的过程。它涉及数据收集、分析、决策支持和执行等多个方面，旨在提高管理效率、降低成本、增强竞争力，并实现可持续发展。

二、智能化管理的优势

智能化管理作为一种新兴的管理方式，凭借其独特的优势，正在逐渐改变企业的运营模式和市场竞争格局。

（一）提高效率

智能化管理通过引入自动化和流程优化，极大提升了工作流程的效率。这种管理方式减少了员工在执行重复性任务上所花费的时间，允许他们将更多的精力和创造力投入到更有价值的战略性任务中。

（二）降低成本

智能化管理通过自动化技术有效降低了企业的运营成本。智能化管理减少对人力资源的依赖，企业得以减轻人力成本负担。智能化管理系统通过精准的数据分析和预测，优化资源配置，减少不必要的浪费，进一步压缩成本。

（三）增强决策能力

智能化管理强化了决策过程，借助数据分析和预测模型为管理者提供了精确的信息支持。这种基于数据的决策方式提高了决策的科学性和准确性，使管理者能够依据翔实的数据做出更合理的选择。

（四）提高透明度和合规性

智能化管理通过自动化记录和监控机制，显著增强了业务流程的透明度。这种透明度的提升有助于企业确保操作的合规性，并有效减少欺诈行为的发生。

自动化系统能够实时追踪业务活动,确保所有操作都有迹可循,从而提高了内部管理的规范性。同时,这种透明度也增强了企业对外的信誉和信任度,因为客户和合作伙伴能够看到企业的操作是透明和负责任的。智能化管理系统的这种透明度,不仅有助于企业内部的自我监督和自我改进,也为外部监管提供了便利,确保企业在遵守法律法规的同时,也能够维护其在市场上的良好形象。

(五)增强竞争力

智能化管理赋予企业在快速变化的市场环境中保持竞争力的能力。通过提高产品和服务的质量,企业能够在竞争中占据有利地位。智能化管理系统能够实时监控市场趋势和消费者行为,使企业能够迅速捕捉市场机会并做出策略调整。这种敏捷性使企业能够及时响应市场变化,快速推出创新产品或服务,满足客户需求。智能化管理还通过优化内部流程和提高运营效率,降低成本,增强企业的竞争力。

(六)风险管理

智能化管理系统通过先进的分析工具和预测模型,增强了企业对潜在风险的识别和预防能力。这种系统能够实时分析数据,预测可能的风险点,使企业能够提前采取措施,从而减少潜在损失。智能化的风险管理不仅提高了企业对不确定性的应对能力,还有助于保护企业免受突发事件的负面影响。例如,智能化的财务监控系统可以识别异常交易,预防欺诈行为,保护企业资产。在供应链管理中,智能化系统可以预测供应中断的风险,并提出备选方案,确保业务连续性。

智能化风险管理还能够帮助企业在战略规划中考虑到各种风险因素,制订更加稳健的业务发展计划。这种前瞻性的风险管理策略,使企业能够在复杂多变的商业环境中保持稳定发展,增强企业的长期竞争力。

(七)可持续发展

智能化管理通过优化资源配置和减少资源浪费,对企业的可持续发展起到了积极的推动作用。这种管理方式使得企业能够更加高效地使用资源,同时降低对环境的负面影响。智能化系统能够监控和分析资源消耗模式,识别节约潜力,从而实现资源的最大化利用。例如,智能化能源管理系统可以监测企业的能源使用情况,通过智能调度和优化操作,减少能源浪费。在生产过程中,智能化系统可以精确控制材料的使用,减少废料的产生,提高材料的利用率。智能化管理还能够帮助企业更好地遵守环保法规,通过实时监控排放和废物处理,确保企业的环境责任。

第二节 人工智能在人事档案管理中的应用

人工智能在档案管理中的应用是信息化时代的一个重要趋势，它通过提高效率、降低成本、增强安全性等方式，为档案管理带来了革命性的变化。

一、档案资源建设

人工智能技术在档案资源建设中的应用，主要体现在档案的收集、整理和数字化上。这一技术的应用，为档案资源信息化、数据化的转向提供了强大的技术动能，推动了档案管理工作的自动化、一体化进程。

（一）档案收集

人工智能技术在档案收集领域通过智能 Agent 技术实现从网页上自动爬取信息，并将其转化为结构化数据。这一过程不仅极大地提升了档案收集的效率，还确保了能从海量网络数据中迅速、准确地提取所需信息。人工智能技术在口述史料的征集和采集方面也提供了显著的技术支持。通过语音识别和转写技术，人工智能能够将口头叙述转化为书面记录，从而不断丰富档案资源。这些技术的应用，使得档案收集工作更加高效和精确，为档案资源的丰富性和多样性提供了强有力的技术保障。

（二）档案整理

人工智能技术在档案整理方面的应用，极大地解放了基层档案工作者的劳动力，提高了工作效率。例如，山东省威海市环翠区档案馆通过采用智能采集系统，实现了档案整理的自动化。这一系统利用智能分类模型、文字处理技术和模式识别技术，对档案管理工作的任务和流程进行程式化的改造，形成自动化、一体化的机器操作模式，推动工作增速提质。

具体来说，人工智能技术能够自动对档案进行分类、标签化，并实现智能检索。用户只需输入相关的关键词，系统便可迅速定位到所需档案，这一过程不仅大大节省了查找时间，还提高了档案利用的效率。此外，人工智能技术在档案整理中的应用还包括使用生物特征识别技术对文本、录音、录像中的手写体、语音、图像等进行识别、抽取特征；运用自然语言技术对档案文本进行分析，辅助编目和著录；运用计算机视觉技术对照片进行人脸识别并自动分类；运用大数据技术对文本进行自动聚类、分类等。

（三）数字化

利用 OCR 技术，人工智能能够迅速从档案影像中提取文本内容，并自动生成标准化的著录信息。此外，自然语言处理技术的应用使得机器能够理解和处理档案中的文本信息，从而提高信息提取的准确性。

深度学习技术的应用进一步增强了档案图像和视频的智能解析能力。通过这种技术，人工智能可以自动识别档案中的人物、地点和事件等关键信息，并进行语义标注。这不仅极大提升了档案数字化的效率，还确保了档案信息的准确性和可用性。

二、档案开放利用

在档案开放利用方面，人工智能技术的应用为解决海量档案的开放审核压力、有限的在线检索和获取渠道等问题提供了新的思路与方案。通过融合自然语言处理技术、语音处理技术和计算机视觉技术，人工智能能够研发和运用智能化平台或检索工具，理解用户操作意图，并形成反馈内容，从而方便用户检索和利用档案资源。

人工智能技术在档案开放审核中的应用可以极大提高审核效率和准确性。例如，辽宁省档案馆构建的多维语义理解算法模型，能够从档案目录敏感字段以及档案内容的敏感词、敏感语句、敏感图像等多个维度进行语义理解，实现 AI 赋能档案鉴定工作。这种智能辅助鉴定系统经过升级后，能够独立于数字档案馆系统，通过档案目录中的敏感词进行智能分析，给出 AI 预测值和敏感度，作为人工鉴定的参考。

在档案检索方面，人工智能技术通过自然语言处理技术，实现了对档案知识图谱的智能检索，提高了检索效率和准确性。这种技术的应用，使得用户可以更加便捷地找到所需档案，提高了档案查询效率。

在档案智能编研方面，人工智能技术可以运用知识表示与处理技术实现档案垂直领域的知识优化，通过大数据手段进行用户需求分析，助力档案数据价值、知识价值的发挥，满足用户多元化、个性化的利用需求。例如，中国人民大学档案学院进行了有益探索，希望有机会与其开展合作，共同打造高阶多维化的利用体系平台，利用知识图谱做好档案编研工作。

在档案利用服务方面，人工智能技术丰富了档案检索手段。一方面，基于 AI 语义解析和大数据技术的智能推送体验，能够根据原文的相似度和利用者历史查档行为进行自动分析，智能推送相关档案内容。另一方面，通过"以人搜照片"和"以人搜视频"功能,丰富档案检索方式,有效帮助档案馆开展照片及音视频档案目录整理工作。

三、档案安全管理

在档案安全管理中,人工智能为档案载体安全、信息安全、库房安全等提供了强有力的技术支撑,构建起系统科学的档案安全管理体系。

(一)智能安防系统

智能安防系统在档案管理中通过持续监测档案的位置和库房的安全状况,利用智能管理系统对收集到的数据进行分析处理。这一系统的核心在于自动化技术的应用,它能够对档案实体进行精确管理,并对库房环境进行智能控制。通过这种方式,智能安防系统极大地提升了档案的物理安全水平。

该系统通过集成先进的传感器和监控设备,能够实时监测档案库房的温度、湿度、烟雾、水浸等关键环境因素,确保档案存放环境的稳定性和安全性。一旦检测到任何异常情况,系统会立即启动预警机制,通知管理人员采取相应措施,从而避免潜在的安全风险。

(二)环境监控系统

智慧档案馆的环境监控系统提供了一套全面的解决方案,它通过集成先进的技术手段,实现了对档案实体的智能化识别、定位和跟踪监控。这一系统不仅覆盖了档案智能密集架、空气恒湿净化设备、安防设备等关键环节,还能进行智能化巡检与即时处理。

该系统依托物联网技术,通过传感器实时收集档案库房内的环境数据,如温度、湿度、空气质量等,并将这些数据传输至监控中心。在监控中心,管理人员可以实时监控库房环境状况,并根据预设条件自动调节库房的温湿度,确保档案保存环境的稳定。

环境监控系统还能通过自动化技术,实现对库房内防火、防盗、防尘、漏水等"八防"状况的监控。在异常情况下,系统能够通过短信、声光等多种方式及时通知管理人员,确保档案安全。

(三)档案安全体系

档案安全体系的构建依赖于集成了RFID(射频识别)技术的先进平台,该平台通过多种监控技术的联动,如红外监控、视频监控以及密集架联动,确保了实体档案的安全性。这一体系的核心在于其自动化和智能化的特性,它能够在档案架开启时自动启动录像功能,一旦检测到档案非法出入库的行为,系统会立即触发报警机制，并及时通知管理人员。

RFID 技术的应用使得档案的追踪和管理更加精确和高效。每份档案都配备有独特的 RFID 标签，这些标签能够被系统快速识别，从而实现档案的实时定位和监控。这种技术的应用，不仅提高了档案管理的效率，还增强了档案的安全性。

（四）库房安全体系

库房安全体系的建立依赖于一系列高科技安全设备的配置，包括视频监控系统、红外检测装置和门禁管理系统。这些设备通过统一的平台进行管理，确保在任何异常情况下能够迅速做出反应。当系统检测到异常时，它会通过多种方式进行实时通知，包括系统提示、声光报警以及发送短信等，以确保管理人员能够及时得知情况并采取相应措施。

视频监控器在报警触发时能够自动抓拍现场图像并保存，为事后的调查和分析提供重要依据。这种 24 小时的自动布防机制，使得库房在任何时候都处于严密的安全监控之下，有效防止了非法入侵和盗窃行为。

红外检测技术能够识别库房内的非授权移动，而门禁管理系统则严格控制人员的进出，确保只有授权人员才能进入库房区域。这些措施共同构成了一个全方位的库房安全防护网络，保障了档案库房的物理安全和信息安全，为档案资料的安全存储提供了坚实的保障。

（五）智慧型档案存储设备

智慧型档案存储设备通过集成智能密集架系统，极大地提升了档案管理的现代化水平。这些设备配备有触摸屏操作界面，使得管理人员能够轻松地进行实体开架、合架、架体通风以及锁定架体等操作。这种智能化操作方式不仅提高了档案存取的效率，而且通过多点保护机制确保了操作的安全性，无论是手动还是电动操作，都能让管理人员放心使用。

智能密集架系统的设计考虑了档案存储的实际需求，通过自动化技术减少了人为操作中可能出现的错误，同时也降低了因操作不当而引发的安全风险。例如，当架体需要通风时，系统可以自动调整架体位置，确保空气流通，而无须人工移动沉重的架体。锁定架体的功能则为档案的安全提供了额外的保障，防止档案的非授权访问或移动。

这些智慧型档案存储设备的引入，使得档案管理更加高效和安全，同时也减轻了档案管理人员的劳动强度。

第三节　大数据与云计算技术在人事档案管理中的应用

在信息技术日新月异的当下，数字化转型浪潮席卷各个行业，人事档案管理领域也正经历着深刻的变革。传统人事档案管理模式长期依赖人工操作，在面对海量且日益增长的数据时，暴露出效率低下、分析能力有限、存储资源紧张等诸多弊端，难以契合现代企业精细化、高效化管理的迫切需求。大数据与云计算技术的蓬勃兴起，为破解人事档案管理难题、优化管理流程、提升管理效能注入了强大动力，带来了前所未有的机遇。

一、大数据技术在人事档案管理中的应用

（一）多源数据整合与分析

人事档案数据来源极为广泛，涵盖员工基本信息、考勤记录、绩效评估、培训经历、奖惩情况等多个维度，且这些数据通常分散存储于企业不同的业务系统之中，格式各异、标准不一。大数据技术中的 ETL（Extract, Transform, Load）技术能够发挥关键作用，从企业的人力资源管理系统、办公自动化系统、财务管理系统等数据源精准抽取相关数据，运用数据清洗算法去除重复、错误以及不完整的数据，再按照统一规范的格式加载至数据仓库。以一家跨国企业为例，其在全球各地拥有众多分公司，员工档案数据不仅数量庞大，而且由于不同地区业务特点与管理习惯差异，数据格式和标准纷繁复杂。借助大数据的 ETL 技术，将分散在各分公司的人事档案数据进行整合，建立起统一的数据仓库后，企业能够对员工的整体情况展开全面、深入的综合分析。例如，通过对比不同地区员工的绩效差异，探寻地域因素对工作表现的影响；分析不同部门的培训需求分布，为制订针对性强的企业培训计划提供依据，有力推动企业制订统一、科学的人力资源战略。

（二）精准的人才画像构建

基于整合后的海量人事档案大数据，运用先进的数据挖掘和机器学习算法，能够构建精准且细致的人才画像。通过对员工技能、经验、业绩、职业发展轨迹、工作风格等多维度数据的深度分析，为每一位员工勾勒出独一无二的详细画像。以技术岗位员工为例，深入分析其掌握的编程语言、参与项目的类型、

规模及取得的成果，能够精准定位其技术专长领域与实际能力水平；对于销售岗位员工，结合销售业绩、客户满意度、市场开拓成果以及客户沟通方式等数据，可清晰呈现其销售风格特点与业务能力优势。企业借助这些精准的人才画像，在人才招聘环节能够更高效、精准地筛选出与岗位需求高度匹配的候选人，大幅提高招聘成功率与人才质量；在员工培训与发展方面，依据人才画像为员工量身定制个性化的培训计划，满足其特定的职业发展需求，显著提升培训效果与员工职业发展满意度，促进员工与企业的共同成长。

（三）预测性分析助力决策

通过运用时间序列分析、回归分析、聚类分析等多种算法，对人事档案数据进行深度挖掘，能够预测员工的离职倾向、绩效变化趋势、职业发展路径等关键信息。以离职倾向预测为例，通过分析员工近期的考勤异常情况、绩效波动数据、与同事沟通频率下降等行为特征数据，结合其过往工作经历、职业发展诉求等因素，构建离职预测模型，提前精准识别出可能离职的高价值员工。企业据此及时采取有针对性的挽留措施，如提供晋升机会、调整薪酬待遇、改善工作环境等，有效降低人才流失风险，保障企业人才队伍的稳定性。在绩效预测方面，依据员工过往的工作表现数据、业务发展趋势以及市场环境变化等因素，预测未来一段时间内员工的绩效情况。管理者借助这些预测结果，提前调整工作安排，为员工提供个性化的指导与支持，从而提升团队整体绩效水平，助力企业实现战略目标。

二、云计算技术在人事档案管理中的应用

（一）灵活的存储架构

传统人事档案存储模式主要依赖本地硬件设备，如服务器硬盘、磁盘阵列等，存在存储空间有限、扩展性差、维护成本高、数据安全性低等问题。云计算的存储服务，如亚马逊的 S3（Simple Storage Service）、阿里云的对象存储 OSS（Object Storage Service）、腾讯云的 COS（Cloud Object Storage）等，为这些问题提供了理想的解决方案。云计算存储具有近乎无限的存储空间，企业无须投入大量资金购买和维护本地存储设备，只需根据实际业务需求，灵活调整存储容量，实现按需付费。同时，云计算存储采用多节点备份技术，数据在多个地理位置的服务器上进行备份，有效避免因硬件故障、自然灾害等原因导致的数据丢失风险，确保人事档案数据的高可靠性与完整性。例如，一家处于快速发展阶段的互联网企业，随着员工数量的急剧增加，人事档案数

据量呈指数级增长。采用云计算存储服务后,轻松应对了数据存储压力,不仅节省了大量硬件采购与维护成本,而且无须担心数据丢失风险,有力保障了人事档案管理工作的连续性与稳定性。

(二)高效的运算资源调配

人事档案管理中的数据处理任务,如数据整合、分析计算、报表生成等,往往对计算资源要求较高,尤其是在进行大规模数据分析时,传统本地计算资源难以满足实时性与高效性需求。云计算的弹性计算能力,如亚马逊的 EC2(Elastic Compute Cloud)、华为云的弹性云服务器、百度智能云的弹性计算实例等,能够根据任务需求动态调配计算资源。在进行大规模人事档案数据分析时,企业可通过云平台临时增加计算实例数量,提升运算速度,快速完成复杂的数据处理任务;任务完成后,及时减少计算资源,避免资源浪费,降低成本。例如,在进行年度员工绩效综合分析时,借助云计算弹性计算服务,可在短时间内完成对大量员工绩效数据的复杂计算与分析,生成详细、精准的分析报告,为企业的薪酬调整、晋升决策、人才选拔等提供及时、有力的数据支持。

(三)便捷的远程访问与协同

云计算技术使得人事档案管理实现了便捷的远程访问与高效的协同工作。企业员工与管理人员只需通过互联网连接到云平台,即可随时随地访问人事档案信息,打破了时间与空间的限制。不同部门之间也能基于云平台进行协同办公,实现数据实时共享与协同操作。例如,在处理员工薪酬福利相关档案时,人力资源部门与财务部门可通过云平台实时共享员工考勤、绩效、薪酬调整等数据,协同完成薪酬核算、福利发放等工作,大大提高工作效率与数据准确性。在疫情期间,众多企业员工居家办公,云计算支持的人事档案管理系统发挥了重要作用,员工能够在线提交请假、调休、转正等申请,人力资源管理人员可远程审批,查阅员工档案信息,确保人事管理工作正常运转,保障企业业务的连续性。

三、大数据与云计算技术融合应用优势

(一)数据驱动的智能管理升级

大数据与云计算技术的深度融合,推动人事档案管理从传统的事务性管理模式向数据驱动的智能管理模式转变。云计算提供的强大存储与计算能力,为大数据技术对海量人事档案数据进行深度挖掘与分析提供了坚实支撑。通过对多源数据的整合与分析,构建精准的人才画像,开展预测性分析,为企业提供

更具前瞻性、精准性的人力资源决策建议。例如，结合大数据的人才趋势预测与云计算的高效运算，企业能够提前洞察市场人才需求变化，精准规划人才储备，优化人才结构，在激烈的市场竞争中抢占先机，实现人力资源管理的战略转型与升级。

（二）成本效益最大化

云计算的按需付费模式，使企业无须投入大量前期资金建设硬件设施，显著降低了人事档案管理的初始成本。同时，大数据技术通过提高管理效率，减少了人工成本与时间成本。精准的人才画像与招聘匹配，有效缩短了招聘周期，降低招聘成本；高效的数据分析减少了决策失误带来的潜在损失。二者融合实现了人事档案管理成本效益的最大化。

（三）数据安全与隐私保护强化

在数据安全与隐私保护方面，大数据与云计算技术融合也展现出独特优势。云计算平台采用先进的加密技术、访问控制技术以及数据备份与恢复机制，保障人事档案数据在存储与传输过程中的安全性。大数据技术则通过数据脱敏、匿名化处理等手段，对敏感数据进行保护，确保在数据分析过程中不泄露员工隐私。例如，在进行人才画像构建与分析时，对员工的敏感信息如身份证号、银行卡号等进行脱敏处理，既满足数据分析需求，又保障了员工隐私安全。同时，通过大数据分析技术对云平台的操作日志进行实时监测，及时发现并防范潜在的数据安全威胁，为企业人事档案管理筑牢安全防线。

第四节 智能化管理的挑战与对策

一、挑战

在智能化管理的背景下，人事档案信息领域面临着多重挑战，主要包括技术应用和培训、合规性管理以及技术挑战三个方面。

（一）技术应用和培训

在数字化管理的背景下，人事档案信息领域面临着多重技术应用和培训挑战。技术基础设施的升级和维护是一个重要问题。随着信息技术的不断进步，现有的数字化管理系统需要不断更新以适应新的需求，这不仅涉及资金的投入，还包括对技术基础设施的持续升级。数据安全和隐私保护也是数字化管理中的一大挑战。人事档案中包含大量敏感信息，如个人身份、工作履历等，系统遭受黑客攻击或内部不当行为可能导致敏感数据泄露，对个体和组织造成重大损害。

信息化转型带来的人员培训需求也是一个不可忽视的挑战。数字化环境下，确保只有授权人员能够访问特定档案信息变得更为复杂，权限管理不善容易导致信息被未授权人员访问，增加了数据泄露风险。人为因素是数据泄露的常见原因之一，员工不慎操作、疏忽大意或缺乏安全意识可能导致敏感信息的意外泄露，增加了数据安全风险。

（二）合规性管理

随着法律法规的持续更新，系统必须紧跟这些变化，以确保在处理人事档案信息时的合法性和合规性。这种更新速度往往超过了技术发展的步伐，导致在实际操作中可能出现法律界定不明确的情况。智能化管理系统在处理敏感的人事档案信息时，必须考虑到全球范围内不同地区的法律法规差异，这增加了合规性的复杂性。此外，数据隐私保护法规的加强要求企业在业务流程和数据管理上更加谨慎，以防止敏感信息的泄露。技术与法规之间的不匹配，尤其是在人工智能和大数据领域，使得合规性管理变得更加困难。企业必须在技术快速发展的同时，确保其业务操作不会违反任何法律法规，同时保护个人隐私和数据安全。

（三）技术挑战

人工智能技术的发展为档案管理领域带来了革命性的变化，同时也带来了一系列挑战，如数据歧视和隐私侵犯问题日益凸显。随着人工智能技术的广泛应用，大量个人数据被收集与分析，这极有可能引发个人隐私泄露以及数据的不当使用问题。人工智能系统可能因为算法设计和数据质量问题而产生误判和错误识别，这对于档案管理的准确性和可靠性构成了威胁。

人工智能对档案管理的安全风险也不容忽视。随着档案信息数字化和网络化程度的提高，信息泄露和数据篡改的风险也随之增加。档案信息的敏感性和重要性使得任何安全漏洞都可能造成严重的后果。同时，人工智能技术对硬件和软件环境的要求也在不断提高，这对档案管理的基础设施提出了更高的要求。

人工智能对档案工作者也带来了挑战。随着自动化和智能化水平的提高，档案工作者需要适应新的技术和工作方式，这就需要他们学习新的技能和知识。此外，人工智能技术的应用也可能改变档案工作者的工作性质，对他们的职业发展和工作满意度产生影响。

二、对策

（一）投资于技术基础设施

在数字化转型的大背景下，政府和企业面临着投资于技术基础设施的紧迫需求，以建设和维护高效的数字化档案管理系统。这一需求源于档案数据的不断增长，以及对档案信息管理效率和安全性的日益关注。

数字化档案管理系统的发展，如南方新闻网自主研发的"档案数字化管理系统"，展示了OCR图像识别技术和自然语言处理技术在档案管理工作中的应用，使得档案管理工作实现数字化、智能化、智慧化。这表明，投资于信息技术能够显著提升档案管理的效率和质量，同时也能够应对档案数据的快速增长。

随着大数据时代的到来，档案工作的模式受到了深刻影响。档案资源的爆发式增长要求档案部门必须引入先进的大数据技术和网络信息技术，建设专门的档案管理信息系统，将纸质信息转化为数字化信息，简化工作流程，提升工作效率。

在投资技术基础设施的过程中，还需要考虑到信息技术服务的运行维护，包括能力建设、人员、过程、技术、资源等能力要素的要求。这进一步强调了在数字化档案管理系统中，技术基础设施的建设和维护是一个全面而复杂的过程，需要综合考虑多个方面的因素。

随着国家对档案管理提倡使用电子化的方式的推行，电子档案与传统载体档案具有同等效力，可以以电子形式作为凭证。这不仅要求政府和企业投资于技术基础设施，以实现档案的数字化管理，还要求这些系统能够满足电子档案管理的法律要求和实际操作需求。

（二）遵守合规性管理与法律法规

随着法律法规的不断演进，智能化管理系统必须与最新的法律要求保持一致，以规避潜在的法律风险。这意味着系统需要定期进行审查和更新，以反映最新的法律变化。

在数字化时代，法律法规的更新速度加快，智能化管理系统必须能够迅速适应这些变化。这要求档案管理部门不仅要密切关注法律动态，还要能够及时调整系统设置和操作流程，以确保合规性。例如，数据保护法规的加强要求系统必须具备更高级的数据加密和访问控制功能，以保护个人隐私。

智能化管理系统的合规性还涉及对内部政策和操作流程的审查。系统必须能够支持档案管理部门遵守内部政策，包括数据分类、存储和处理的规定。这要求系统设计时就考虑到合规性要求，确保所有操作都符合内部和外部的法规标准。

在全球范围内运营的企业还必须考虑不同国家和地区的法律法规差异。智能化管理系统需要具备足够的灵活性，以适应不同地区的合规要求。

（三）技术赋能与人才培养

随着技术的不断进步，档案部门需要利用先进的技术工具来提高工作效率和数据处理能力，这被称为档案部门的"助推器"。这些技术工具包括但不限于云计算、大数据分析、人工智能等，它们能够处理大量数据，提供智能分析，从而优化档案管理流程。

同时，档案管理队伍的专业化能力提升也是不可忽视的。档案管理人员需要掌握新技术，理解其在档案管理中的应用，并能够运用这些技术来提高工作效果。这要求档案部门投入资源进行人才培养，包括提供专业培训、鼓励继续教育和职业发展。

人才培养不仅仅是技术技能的提升，还包括对档案管理专业知识的深化。档案管理人员需要对档案法规、信息分类、数据保护等方面有深入的理解，以确保档案管理工作的合规性和有效性。

（四）建立审慎包容的监管制度

建立审慎包容的监管制度旨在通过分级分类的方法，对人工智能的安全风险进行有效管理，同时保持对创新的鼓励和支持。随着技术的不断进步，人工智能的应用场景日益广泛，涉及的风险类型也日益多样化，这要求监管制度能够灵活适应不同情况，实现敏捷治理。

监管制度的设计需要考虑到人工智能技术的特性，分析其风险来源和表现形式，针对模型算法安全、数据安全和系统安全等内生安全风险，以及网络域、现实域、认知域、伦理域等应用安全风险，提出相应的技术应对和综合防治措施。这种风险导向的方法有助于实现敏捷治理，即快速、灵活地应对科技创新带来的伦理挑战。

监管制度还应鼓励多元主体参与人工智能治理，明确相关主体的法定权利、义务，确立行为的合法边界及法律责任，防止滥用人工智能。同时，为创新保留适当的空间，避免不合理的规则阻碍人工智能创新，促进以人为本、智能向善的科技发展。

在全球范围内，推动人工智能安全治理国际合作，形成具有广泛共识的全球人工智能治理体系，确保人工智能技术造福于人类，也是审慎包容监管制度的重要组成部分。通过这样的监管制度，可以确保人工智能的安全、可靠、可控，同时促进其健康发展和规范应用。

（五）推动大数据、物联网、人工智能等新一代信息技术与档案业务的深度融合创新

在推动大数据、物联网、人工智能等新一代信息技术与档案业务的深度融合创新方面，我们可以看到几个关键的发展方向。智能技术与档案工作的融合愈发紧密，档案管理智能化通过将物联网、互联网、云计算、大数据分析、人工智能等技术与档案管理服务深度融合，有力推动档案资源的科学管理、高效利用与开放共享。这种融合不仅提高了档案管理的效率，还增强了档案资源的可访问性和可用性。

自主研发并构建核心技术平台是实现档案智能精细化管理的关键。例如，航星永志自主研发的盘古 HOUM 信息资源行业 PaaS 平台，基于云原生、微服务架构建设，以 UMSP、UMDP、UMAI 三大核心技术平台与玄武低代码平台作为核心支撑，构建组工、人事、文档等一体化行业应用平台，积极推动大数据、物联网、云计算、区块链等技术在人事与文档行业的融合应用，助力行业数智化转型升级。

档案智能应用新产品的开发也是实现档案智能精细化管理的重要一环。例如，航星永志在档案新技术新产品展示会上展示了多款创新产品和智能应用产品，这些产品围绕人事与文档信息行业众多技术应用场景，全新亮相档案行业新技术、新产品、新应用，吸引了现场众多用户的关注。

实现档案智能精细化管理还需要不断拓展数据应用场景，以数据要素驱动人事与文档信息行业创新，赋能新质生产力发展。例如，航星永志积极推动"一人一档、一企一档"数据业务建设与基础服务能力，充分发挥数据要素乘数效应，共同构建繁荣活跃的数据要素市场生态。

（六）聚焦"建、管、用"结合

聚焦于"建、管、用"的结合是提升人事档案管理水平的核心策略。这一策略强调在建设、管理和使用档案的过程中，持续深化、细化和人性化工作，以实现人事档案管理的科学化和规范化。

在建设方面，需要构建一个全面、系统的人事档案管理体系，确保档案的完整性和准确性。这包括制定严格的档案收集、整理和归档流程，以及采用先进的信息技术来支持档案的数字化和信息化。这些措施可以提高档案管理的效率和质量，确保档案信息的可靠性。

在管理方面，重点在于确保档案的安全性和合规性。这涉及制定和执行严格的档案保管和保密制度，以及定期对档案进行审计和评估，以确保档案管理符合法律法规和组织政策。同时，也需要关注档案的物理和电子安全，防止档案的丢失、损坏或未经授权的访问。

在使用方面，强调档案信息的有效利用和共享。这意味着要建立便捷的档案查询和检索系统，使员工和管理者能够快速获取所需的档案信息。还需要培养员工的档案意识，鼓励他们在日常工作中合理利用档案资源，以支持决策制定和业务流程。

（七）建设智慧型人事档案

通过采用先进技术，如云计算、大数据分析和人工智能，企业能够将传统的人事档案转变为数字化、智能化的管理系统。这样的系统不仅提高了档案信息的可访问性，还增强了数据的安全性，确保了信息的保密性和完整性。

数字化的人事档案管理系统使得信息检索变得更加迅速和准确，员工和管理层可以轻松访问所需的档案资料，从而提高工作效率。同时，智能化的档案管理还能通过数据分析提供洞察，辅助管理层做出更加精准的决策。

智慧型人事档案的建设还促进了跨部门之间的协作。通过共享一个集中的、实时更新的档案平台，不同部门可以更容易地协同工作，共享信息，减少沟通成本和潜在的信息孤岛问题。

在决策方面，智慧型人事档案系统能够提供实时的数据支持，帮助管理层快速响应市场变化，及时调整策略。

第八章 人事档案信息的质量管理

第一节 人事档案信息质量的标准与要求

人事档案信息作为企业人力资源管理的核心数据资产,其质量的优劣直接影响着企业决策的科学性、人才管理的有效性以及组织运营的稳定性。

一、完整性标准与要求

（一）基础信息全面覆盖

人事档案的基础信息涵盖员工的个人身份信息,如姓名、性别、出生日期、身份证号码、民族、籍贯、政治面貌等,这些信息是识别员工身份的基石,必须完整无缺。任何一项基础信息的缺失都可能导致员工身份认定出现偏差,影响后续一系列人力资源管理工作的开展。例如,在员工办理社保、公积金等福利事项时,准确完整的身份证号码是关键依据,若号码缺失或错误,将导致办理流程受阻,引发员工对企业管理的不满。同时,员工的联系方式,包括家庭住址、联系电话、电子邮箱等信息也至关重要,企业需要通过这些信息与员工保持及时有效的沟通,无论是工作安排、培训通知还是紧急事务联系,完整的联系方式是确保信息传递到位的前提。

（二）工作经历完整记录

员工的工作经历是人事档案的重要组成部分,应详细记录其入职时间、离职时间、所在部门、担任职务、工作职责、工作业绩以及奖惩情况等。完整的工作经历信息有助于企业全面了解员工的职业发展轨迹,评估其工作能力与经验积累。以招聘新员工为例,企业可通过参考候选人档案中的工作经历,判断其过往工作内容与目标岗位的匹配度,分析其在不同工作阶段的成长表现,预测其在新岗位上的潜在能力。对于内部员工的晋升、轮岗等人事决策,工作经历信息同样是重要参考依据,能帮助企业确定员工是否具备相应的工作经验与能力来承担新的工作职责。例如,一位员工在档案中记录了在多个项目中担任核心成员并取得显著业绩的经历,在企业进行项目负责人选拔时,这将成为其有力的竞争优势。

（三）教育背景详细准确

教育背景信息应包括员工从小学到最高学历阶段的就读学校名称、入学时间、毕业时间、所学专业、学位获得情况等。详细准确的教育背景信息对于企业了解员工的知识储备、专业技能基础具有重要意义。在企业开展新业务或引入新技术时，可依据员工档案中的教育背景信息，筛选出具备相关专业知识的员工参与培训或项目，实现人力资源的精准配置。同时，在职称评定、岗位任职资格审核等工作中，教育背景信息是判断员工是否符合条件的关键因素。例如，在某些专业性较强的岗位招聘中，企业明确要求应聘者具备特定专业的本科及以上学历，此时档案中准确的教育背景信息将直接决定应聘者是否进入下一招聘环节。

（四）培训与技能信息完备

员工参加的各类培训课程、培训时间、培训机构以及获得的相关技能证书、技能等级等信息应完整纳入人事档案。培训与技能信息反映了员工的学习能力与持续发展潜力，是企业制订人才培养计划、规划员工职业发展路径的重要参考。随着市场竞争的加剧和行业技术的快速更新，企业对员工技能提升的需求日益迫切，通过分析员工档案中的培训与技能信息，企业可以精准识别员工的技能短板与培训需求，针对性地开展培训活动，提高培训资源的利用效率。例如，一家软件企业通过梳理员工档案中的技能信息，发现部分员工在新兴软件开发语言方面存在不足，于是组织了相关培训课程，帮助员工提升技能水平，增强企业在市场中的技术竞争力。

二、准确性标准与要求

（一）数据录入精准无误

在人事档案信息录入过程中，确保数据的精准性是首要任务。无论是基础信息、工作经历还是其他各类信息，都必须严格按照原始资料进行录入，避免任何人为的错误输入。例如，员工的薪资数据录入错误可能导致薪酬发放出现偏差，引发员工与企业之间的纠纷；员工的入职时间录入错误可能影响其试用期计算、年假天数核定等一系列人力资源管理事务。为保证数据录入的准确性，企业应建立严格的数据录入审核机制，录入人员在完成录入后，需进行自我检查，然后由专人进行二次审核，对录入数据与原始资料进行仔细比对，确保数据的一致性与准确性。同时，引入先进的数据录入技术，如OCR（光学字符识别）技术辅助纸质资料信息录入，可有效减少人工录入错误，但仍需人工对识别结果进行校验，以确保数据质量。

（二）信息内容真实可靠

人事档案中的所有信息内容都应真实反映员工的实际情况，严禁任何虚假信息的存在。员工提供虚假的学历证书、工作经历、技能证书等信息，不仅违背职业道德，还可能给企业带来严重的损失。例如，在企业的关键项目中，若因员工虚假的技能信息而被安排承担其无法胜任的工作任务，可能导致项目进度延误、质量下降，甚至给企业造成巨大的经济损失。为确保信息内容的真实可靠，企业在收集档案信息时，应要求员工提供相关证明材料，并对材料的真实性进行严格核实。对于学历证书，可通过学信网等官方渠道进行验证；对于工作经历，可向员工原工作单位进行背景调查；对于技能证书，可向颁发机构查询核实。同时，建立诚信档案制度，对员工的诚信行为进行记录与管理，对提供虚假信息的员工给予严肃处理，从制度层面杜绝虚假信息的产生。

（三）档案更新及时准确

员工的人事档案信息会随着时间的推移和工作的变动而发生变化，如岗位晋升、薪资调整、培训经历增加、获得新的技能证书等，企业必须确保档案信息能够及时、准确地更新。及时更新的档案信息能够为企业提供员工最新的状态，保证人力资源管理决策的时效性与科学性。例如，员工晋升后，档案中的岗位信息、薪酬信息以及职责权限等内容应同步更新，以便企业在后续的工作安排、绩效考核等方面做出合理决策。为实现档案更新的及时性与准确性，企业应建立完善的信息更新流程，明确各部门在信息更新中的职责与分工。当员工信息发生变化时，相关部门应在规定时间内将变更信息提交给人力资源部门，人力资源部门审核无误后及时在档案系统中进行更新。同时，利用信息化技术，建立自动提醒机制，当员工信息达到更新条件时，系统自动向相关人员发送提醒通知，确保信息更新工作的顺利进行。

三、时效性标准与要求

（一）信息收集及时有效

人事档案信息的收集应具有时效性，确保在规定时间内获取员工最新的相关信息。例如，员工入职时，应在入职手续办理过程中及时收集其基础信息、学历证书、劳动合同等档案资料，避免因信息收集不及时导致员工档案建立滞后，影响后续人力资源管理工作的正常开展。在员工在职期间，对于新产生的信息，如绩效评估结果、培训记录、奖惩情况等，各相关部门应按照规定的时间节点及时提交给人力资源部门进行归档。例如，每个季度结束后，用人部门应在一周内将员工的季度绩效评估结果提交给人力资源部门，以便及时更新员工档案中的绩效信息，为企业的薪酬调整、晋升决策等提供最新的数据支持。

（二）档案维护定期进行

企业应建立定期的人事档案维护机制，对档案信息进行检查、核实与更新。定期维护能够及时发现档案中存在的问题，如信息缺失、错误、过期等，并及时进行处理。例如，每年对员工的联系方式、家庭住址等基础信息进行一次核实更新，确保企业能够与员工保持有效的沟通；每半年对员工的工作经历、培训经历等信息进行梳理，检查是否有遗漏或错误的记录。通过定期维护，保证人事档案信息始终处于最新、最准确的状态，满足企业日常运营和发展的需求。同时，在企业进行重大人事调整、业务变革等关键时期，应增加档案维护的频率，确保档案信息能够及时反映企业的变化情况。

（三）历史信息妥善留存

虽然人事档案信息强调时效性，但对于员工的历史信息，企业也应妥善留存。历史信息能够反映员工的职业发展历程和成长轨迹，为企业分析员工的发展趋势、总结人才培养经验提供重要依据。例如，员工多年来的绩效评估数据，能够直观地展示其工作表现的变化情况，企业可以通过分析这些数据，发现员工的优势与不足，为制订个性化的培训与发展计划提供参考。同时，在处理劳动纠纷、合规审计等事务时，历史档案信息也具有重要的证据价值。因此，企业应采用科学的档案存储技术，将员工的历史档案信息进行分类存储，并建立完善的索引体系，方便随时查阅与调用。

四、安全性标准与要求

（一）物理安全保障

对于纸质人事档案，企业应建立专门的档案室，配备防火、防潮、防虫、防盗等设施，确保档案实体的安全。档案室的选址应避开易发生自然灾害的区域，如洪水、地震高发地带；安装防火设备，如火灾报警器、灭火器、自动喷水灭火系统等，定期进行消防演练，提高应对火灾的能力；控制档案室的温湿度，安装温湿度调节设备，防止档案纸张因受潮、干燥等原因发生损坏；设置防虫网、投放防虫药剂，防止档案被虫蛀；安装防盗门窗、监控设备，加强档案室的安保措施，防止档案被盗。对于电子人事档案，存储设备应采用可靠的服务器与磁盘阵列，进行数据冗余存储，防止因硬件故障导致数据丢失。同时，对存储设备进行物理隔离，设置访问权限，只有授权人员才能接触到存储设备，确保数据的物理安全。

（二）网络安全防护

随着人事档案信息化程度的不断提高，网络安全防护成为保障档案信息安全的重要环节。企业应安装防火墙、入侵检测系统、防病毒软件等网络安全设备，防范外部网络攻击、病毒感染和恶意软件入侵。防火墙能够阻挡未经授权的网络访问，过滤非法网络流量；入侵检测系统实时监测网络活动，及时发现并预警潜在的安全威胁；防病毒软件定期对系统进行病毒查杀，防止病毒对档案信息的破坏。同时，加强网络访问权限管理，根据员工的工作职责和岗位需求，为其分配不同级别的档案信息访问权限。例如，人力资源部门的管理人员可访问全体员工的档案信息，而普通员工只能查看自己的档案信息。采用加密技术，对传输和存储的档案信息进行加密处理，确保信息在传输过程中不被窃取、篡改，存储时即使被非法获取也无法直接读取，保障信息的保密性与完整性。

（三）数据备份与恢复

为防止因硬件故障、软件故障、人为误操作、自然灾害等原因导致人事档案信息丢失，企业应建立完善的数据备份与恢复机制。定期对档案数据进行全量备份和增量备份，将备份数据存储在异地安全的存储设备中，形成多副本备份。全量备份可每周进行一次，将所有档案数据完整复制到备份介质中；增量备份则每天进行，仅备份当天新增或修改的数据，以减少备份时间和存储空间。同时，制订详细的数据恢复计划，定期进行数据恢复演练，确保在出现数据丢失或损坏的情况下，能够迅速、准确地将备份数据恢复到系统中，最大限度减少数据损失对企业运营的影响。例如，在演练中模拟服务器硬盘故障导致档案数据丢失的场景，按照恢复计划进行数据恢复操作，检验恢复过程的可行性与效率，及时发现并解决存在的问题。

（四）人员安全管理

人事档案信息的安全管理离不开人员的参与，企业应加强对涉及档案管理与使用人员的安全管理。对档案管理人员进行严格的背景审查，确保其具备良好的职业道德和专业素养，避免因内部人员违规操作或泄露信息导致安全事故。对全体员工进行信息安全意识培训，提高员工对人事档案信息安全重要性的认识，使其了解信息安全相关法律法规、企业信息安全制度以及常见的安全风险防范措施。例如,通过开展信息安全知识讲座、在线培训课程、案例分析等活动,让员工掌握如何设置强密码、不随意点击不明链接、不私自拷贝档案信息等安全操作方法。同时,建立信息安全责任追究制度,对因个人原因导致档案信息安全事故的人员进行严肃处理,从人员层面保障人事档案信息的安全。

企业只有全面、严格地遵循这些标准与要求,建立科学有效的人事档案管理体系,才能确保人事档案信息的高质量,为企业的人力资源管理、战略决策制定以及可持续发展提供坚实的数据支撑。

第二节 质量管理体系的建立

在数字化时代,人事档案信息已成为企业核心资产,其质量直接影响企业决策与运营。构建完善的人事档案信息质量管理体系,是保障档案信息精准、完整、安全的关键。

一、明确质量管理目标

人事档案信息质量管理体系的首要任务是确立清晰、明确且可衡量的目标。企业需结合自身战略规划、人力资源管理需求以及法规要求,制定短期与长期目标。短期目标可设定为在一个季度内,将新录入档案信息的准确率提升至98%,确保员工基础信息无遗漏。长期目标则可规划在一年内,实现人事档案信息完整性达到100%,涵盖员工从入职到离职的全流程关键信息。同时,在安全性方面,目标为一年内不发生任何因管理不善导致的档案信息泄露事件。这些目标不仅为体系建设指明方向,还便于后续评估体系运行效果。

二、制定规范管理制度

(一)信息收集制度

建立严谨的信息收集制度,明确各部门在人事档案信息收集过程中的职责。人力资源部门负责统筹协调,制定信息收集清单与时间表。例如,员工入职时,用人部门需在3个工作日内提交员工的入职登记表、面试评估表等基础资料;员工参加培训后,培训部门应在培训结束后5个工作日内,将培训证书、培训总结等信息传递给人力资源部门。同时,规定信息收集的格式与标准,如学历证书需提供原件扫描件,工作经历描述应包含起止时间、工作内容、取得成果等要素，确保收集到的信息规范、统一。

（二）信息录入与审核制度

规范信息录入流程，要求录入人员严格按照原始资料进行操作，录入完成后进行自我校验。设立专门的审核岗位，由经验丰富的人员对录入信息进行二次审核。审核内容包括信息的准确性、完整性以及格式是否符合规定。例如，审核员工薪资数据时，需对比薪酬核算文件，确保金额准确无误；审核工作经历时，检查时间逻辑是否合理，工作内容描述是否清晰。对于审核不通过的信息，及时退回录入人员修改，并记录错误原因与修改次数，作为对录入人员工作质量的考核依据。

（三）信息存储与保管制度

根据档案信息的特点，制定科学的存储与保管制度。对于纸质档案，建立专门的档案室，按照员工编号或部门进行分类存放，配备防火、防潮、防虫、防盗等设施，定期进行环境检查与维护。对于电子档案，采用可靠的数据库管理系统，进行分级存储，设置不同的访问权限。例如，员工的敏感信息如薪资、健康状况等，仅授权特定管理人员访问。同时，定期对存储设备进行检查与维护，确保数据安全存储。

（四）信息更新与维护制度

为保证人事档案信息的时效性，建立信息更新与维护制度。当员工发生岗位变动、薪资调整、培训进修等情况时，相关部门应在规定时间内将变更信息提交给人力资源部门。人力资源部门收到信息后，在 1 个工作日内完成档案更新，并进行再次审核。定期对档案信息进行全面维护，如每半年对员工的联系方式、紧急联系人等信息进行核实更新，确保信息的准确性与有效性。

三、运用信息技术手段

（一）档案管理系统升级

引入先进的人事档案管理系统，对现有系统进行升级优化。新系统应具备强大的数据录入、存储、检索与分析功能。在数据录入方面，支持多种格式导入，如 Excel、PDF 等，并能自动进行数据校验，提示录入错误。存储功能上，采用分布式存储技术，确保数据安全可靠，同时具备数据备份与恢复功能，可定期自动备份数据，并在数据丢失时快速恢复。检索功能应实现多条件精准检索，如通过员工姓名、身份证号、入职时间、岗位等任意组合条件，快速定位所需档案信息。分析功能则可对档案数据进行深度挖掘，为企业人力资源决策提供数据支持，如分析员工技能分布、绩效趋势等。

（二）数据加密与安全防护技术

加强人事档案信息的安全防护，运用数据加密技术对传输与存储的数据进行加密处理。在数据传输过程中，采用 SSL/TLS 加密协议，防止数据被窃取或篡改。对于存储的数据，采用 AES 等高级加密算法，对敏感信息进行加密存储，即使数据被非法获取，也无法直接读取。同时，安装防火墙、入侵检测系统、防病毒软件等安全防护设备，实时监控网络流量，防范外部网络攻击与恶意软件入侵。定期进行安全漏洞扫描与修复，确保系统安全稳定运行。

（三）智能识别与自动化技术应用

利用智能识别技术，如 OCR（光学字符识别）技术，提高纸质档案信息录入效率与准确性。OCR 技术可快速将纸质文档中的文字转化为电子文本，减少人工录入工作量，同时通过自动识别与校验，降低录入错误率。此外，引入自动化技术，实现档案信息更新的自动化提醒与处理。例如，当员工合同即将到期时，系统自动向人力资源部门与员工发送提醒邮件；员工绩效评估结果更新后，系统自动将新数据同步到人事档案中，提高工作效率与信息更新的及时性。

四、加强人员培训与管理

（一）档案管理人员专业培训

对档案管理人员进行系统的专业培训，提升其业务能力与素质。培训内容包括档案管理理论知识、信息质量管理标准、档案管理系统操作技巧、信息安全防护知识等。邀请行业专家举办讲座与培训，分享最新的档案管理理念与技术。定期组织内部培训与交流活动，让档案管理人员相互学习、分享经验。同时，鼓励档案管理人员参加相关的职业资格考试，提升专业水平。通过培训，使档案管理人员熟悉人事档案信息质量管理的各个环节，能够熟练运用各种技术手段进行档案管理工作。

（二）全员信息质量意识培训

开展全员信息质量意识培训，提高全体员工对人事档案信息质量重要性的认识。培训内容包括人事档案信息对企业决策的影响、员工在信息收集与更新过程中的责任与义务、信息安全保护常识等。通过案例分析、视频演示等方式，让员工了解信息质量问题可能带来的严重后果。例如，通过讲解因档案信息错误导致员工福利发放错误、招聘失误等案例，引起员工对信息质量的重视。在培训后进行考核，确保员工掌握相关知识与要求，在日常工作中能够积极配合档案管理工作，提供准确、及时的信息。

（三）人员绩效评估与激励机制

建立科学的人员绩效评估与激励机制，将档案信息质量管理工作纳入相关人员的绩效考核体系。对档案管理人员，考核其信息录入准确率、审核及时率、档案维护效果等指标；对各部门参与档案信息收集与更新的人员，考核其信息提交的完整性、及时性与准确性。根据考核结果，给予相应的奖励与惩罚。对于表现优秀的人员，给予物质奖励，如奖金、奖品等，同时在晋升、评优等方面予以优先考虑；对于工作失误较多、影响档案信息质量的人员，进行批评教育，并根据情节轻重给予相应的处罚，如扣减绩效奖金、警告处分等。通过绩效评估与激励机制，激发员工的工作积极性与责任心，提高人事档案信息质量管理水平。

五、实施监督与评估

（一）建立监督机制

成立专门的人事档案信息质量监督小组，负责对档案管理工作进行全程监督。监督小组定期对档案信息收集、录入、审核、存储、更新等环节进行检查，查看各项制度的执行情况。例如，每月随机抽取一定比例的档案信息，检查录入的准确性与完整性；定期检查档案室的环境状况，确保符合存储要求；监督信息更新是否及时，有无遗漏。对检查中发现的问题，及时记录并反馈给相关部门与人员，要求限期整改。同时，设立举报渠道，鼓励员工对档案管理工作中的违规行为、信息质量问题进行举报，对举报属实的员工给予奖励。

（二）开展定期评估

定期对人事档案信息质量管理体系的运行效果进行评估。每季度进行一次内部评估，评估内容包括质量管理目标的完成情况、各项管理制度的执行效果、信息技术手段的应用效果、人员培训与管理的成效等。通过数据分析、问卷调查、员工访谈等方式收集评估数据。例如，通过统计新录入信息的错误率，评估信息录入与审核制度的执行效果；通过问卷调查员工对档案管理系统的满意度，评估信息技术手段的应用效果。根据评估结果，总结经验教训，发现存在的问题与不足，为体系的持续改进提供依据。

（三）持续改进优化

根据监督与评估结果，对人事档案信息质量管理体系进行持续改进优化。针对发现的问题，制定详细的改进措施，明确责任部门与责任人，规定整改时间。例如，若发现档案信息收集过程中存在部门间沟通不畅、信息提交不及时的问题，可优化信息收集流程，明确各部门的沟通方式与时间节点，加强部门间的协调与配合。定期对改进措施的实施效果进行跟踪检查，确保问题得到有效解决。同时，关注行业发展动态与新技术应用，及时将先进的管理理念与技术引入体系建设中，不断提升人事档案信息质量管理体系的科学性与有效性。

第三节 数据质量问题的检测与纠正

一、数据质量问题的识别

在现代企业管理中，人事档案信息的质量直接影响到组织的决策、运营效率和战略实施。数据质量问题主要体现在准确性、完整性、一致性和及时性四个方面。

（一）准确性问题

准确性是衡量数据质量的关键指标，它确保数据的真实性和正确性。在人事档案管理中，准确性问题主要体现在身份信息错误、联系方式错误和工作经历不实等方面。身份信息如身份证号的错误会导致员工身份验证失败，进而影响薪资发放和社保缴纳等关键流程。错误的电话号码或电子邮件地址会阻碍信息的有效传递，特别是在紧急情况下，会导致严重后果。此外，简历中的工作经历若存在虚假信息，会导致不适宜的人选被录用，从而影响团队的整体表现和效率。这些问题不仅影响日常业务运作，还可能引发法律和合规风险，如错误的身份信息可能使企业在法律诉讼中处于不利位置。

（二）完整性问题

数据完整性是人事档案管理中不可或缺的一部分，它涉及数据是否包含了所有必需的信息。当员工的基本信息如姓名、性别、出生日期等缺失时，会妨碍管理者获得员工的全面视图，影响员工分析的深度和广度。如果员工的工作经历和培训记录不完整，将难以准确评估员工的能力，进而影响其职业发展和晋升规划。同样，员工职位变动、薪资调整等信息的滞后更新，可能导致管理层对员工当前状况的误判。这些问题不仅降低了数据分析的准确性，还可能导致基于不完整数据的决策失误。例如，在绩效评估过程中，若缺少员工培训记录，将无法全面评价其工作表现和发展潜力。

（三）一致性问题

一致性问题指的是数据在不同系统或不同时间点之间的协调性。当 HR 系统与薪资系统中同一员工的基本信息出现不一致时，可能会导致薪资计算错误，进而影响员工满意度和留任率。此外，日期格式、地址格式等数据格式的不统一，会在数据汇总和分析时引发错误，降低数据的可用性。在多个系统中更新数据时若未能同步，会造成信息滞后，影响决策的及时性和准确性。这些问题不仅削弱了数据的可靠性，还可能引发跨部门协作的障碍，降低组织的整体运作效率。

（四）及时性问题

及时性问题指的是数据更新的速度和频率。在人事档案管理中，员工入职、离职或调动等关键信息若未能及时更新，会导致管理层对员工状况的误判，影响决策的准确性。在紧急情况下，如员工请假或突发事件，信息传递的延迟可能会导致决策的延误，错失处理问题的最佳时机。此外，数据分析依赖于实时更新的数据，若数据更新不及时，分析结果可能会失真，影响战略决策的有效性。在快速变化的市场环境中，企业必须能够迅速获取和处理数据，以保持竞争优势。

二、数据质量问题的检测

数据质量检测是数据处理的重要组成部分，其重要性体现在提高决策准确性、提升数据分析效果和增强数据治理能力。

（一）自动化校验技术

自动化校验技术是数据质量管理的基石，它们通过自动化流程提高数据清洗和验证的效率。正则表达式作为一种文本模式匹配工具，能够高效地验证数据格式，如电话号码和电子邮件地址，确保其符合既定的标准。规则引擎则是一种动态的数据处理系统，它根据预设的业务规则自动检测数据中的异常和错误，并进行相应的纠正。这些技术的应用减少了人工干预的需求，降低了人为错误，提高了数据处理的速度和准确性，为组织提供了一个可靠的数据基础。

（二）数据验证工具

数据验证工具是用于识别和修正数据错误的软件解决方案。这些工具可以是为特定业务需求定制开发的，也可以是市场上现成的产品。它们的核心功能是检查数据的准确性和一致性，确保数据在整个组织中保持统一的标准。通过这些工具，组织能够及时发现数据中的错误，并进行必要的修正，避免错误数据对业务流程和决策造成影响。这些工具的应用提高了数据管理的效率，增强了数据的可靠性。

（三）完整性检查和填充

数据完整性是数据质量的重要组成部分，缺失值的存在会严重影响数据分析的结果。为了解决这一问题，可以采用机器学习算法来预测和填充缺失的数据。这种方法特别适用于处理大规模数据集，能够显著提高数据处理的效率和准确性。通过机器学习模型，组织能够识别数据中的模式，并据此预测缺失值，从而保持数据集的完整性。这种方法不仅提高了数据处理的速度，还增强了数据分析的深度和广度。

（四）标准化和规范化技术

数据标准化和规范化技术是确保数据在整个组织中保持一致性的关键。通过制定统一的数据标准和技术规范，组织能够对数据进行标准化处理和转换，减少因格式不一致导致的数据质量问题。这些技术的应用有助于消除数据孤岛，促进数据的共享和流通，提高数据的可用性和价值。通过标准化和规范化，组织能够构建一个统一的数据环境，为数据分析和决策提供坚实的基础。

（五）实时数据处理技术

在大数据时代，实时数据处理和分析变得越来越重要。实时数据处理技术能够即时采集、处理和更新数据，这对于需要快速响应的业务场景至关重要。例如，使用消息队列和流处理技术，组织能够实时处理和传输数据，确保数据的及时性和准确性。这些技术的应用提高了组织对市场变化的响应速度，增强了组织的竞争力。通过实时数据处理，组织能够更快地做出基于数据的决策，提高业务流程的效率。

数据质量检测的重要性不仅体现在提升数据分析的准确性和效果上，还体现在增强组织的数据治理能力上。通过定期的数据质量检测，组织可以了解自身数据管理的现状和存在的问题，并采取相应的措施进行改进。数据质量检测还有助于识别和纠正数据错误，防止错误传播到分析和决策过程中，从而避免基于不准确数据做出的不良决策。

三、数据质量问题的纠正

（一）对于准确性问题的纠正

为了纠正准确性问题，可以采用自动化校验技术进行数据清洗和过滤。这些技术包括正则表达式匹配、规则引擎等，它们能够自动识别并纠正数据中的格式错误、拼写错误以及其他类型的输入错误。通过这种方式，可以确保数据在进入分析流程之前是准确无误的。例如，自动化校验可以确保身份证号码、电话号码等关键信息的格式正确，从而避免因数据错误而导致的业务流程中断或决策失误。此外，自动化校验技术还可以提高数据处理的效率，减少人工审核的负担，确保数据在整个组织中的准确性和一致性。

（二）对于完整性问题的纠正

缺失的数据会严重影响分析结果的准确性和可靠性。为了解决完整性问题，可以采用自动化工具进行完整性检查和填充。这些工具能够识别数据集中的缺失值，并根据已有数据的模式和趋势，自动填充缺失的信息。

（三）对于一致性问题的纠正

为了纠正一致性问题，可以采用标准化和规范化技术进行统一处理和格式化。这些技术包括数据清洗、转换和映射，它们能够确保数据在整个组织中保持一致的格式和标准。例如，通过统一的日期和时间格式、编码系统和度量单位，可以减少数据整合时的错误和混淆。标准化和规范化技术还可以提高数据的可比性，使得跨部门和跨系统的数据共享和分析变得更加容易。通过确保数据的一致性，组织能够提高数据的可用性和价值，为业务流程和决策提供一致的数据视图。

（四）对于及时性问题的纠正

过时的数据会导致组织错失机会或做出错误的决策。为了解决及时性问题，可以采用实时数据处理技术进行实时采集、处理和更新。这些技术包括消息队列、流处理和实时数据库，它们能够确保数据在发生变化时立即被捕捉和更新。

第九章　人事档案信息的保密性与安全管理

第一节　人事档案信息的保密性管理原则

人事档案信息的保密性管理涉及员工的个人隐私和敏感信息的保护。

一、最小化原则

最小化原则是数据保护领域的一项重要指导原则，它要求组织在处理个人信息时仅收集完成特定任务所必需的数据量。这一原则的核心在于减少不必要的数据收集，从而降低数据泄露的风险，并保护个人隐私。在实际操作中，这意味着组织需要明确其收集数据的目的，并确保所收集的数据与这些目的直接相关。

为了实施最小化原则，组织应当进行数据评估，确定哪些信息是实现业务目标所必需的，并排除那些非必要的数据。这不仅涉及数据收集阶段，还包括数据存储和处理过程。组织必须确保其数据保护措施与最小化原则相一致，采取适当的技术和管理措施来保护存储的数据，防止未经授权的访问和泄露。

最小化原则还要求组织在数据不再需要时及时删除，以减少数据保留期间的风险。这需要组织建立清晰的数据保留政策，并定期审查以确保政策的有效执行。

二、透明性原则

透明性原则在个人信息管理中强调组织必须对员工清晰地说明其个人信息的使用目的、范围和方式。这一原则的核心在于确保员工能够理解他们的数据如何被组织收集、使用以及如何得到保护，从而增强员工对组织的信任和安全感。

为了实现透明性，组织需要采取一系列措施。组织应当制定明确的隐私政策，详细说明数据收集和处理的具体流程，包括数据的收集目的、使用方式、存储期限以及数据主体的权利等。这些信息应当以易于理解的语言呈现，避免使用过于技术化或法律化的术语，确保员工能够轻松阅读和理解。

组织应在收集个人信息时提供充分的告知，这可以通过员工手册、入职培训、电子邮件通知或直接沟通等方式进行。告知内容应包括数据的收集、处理和保护措施，以及员工如何行使自己的权利，比如访问、更正或删除自己的个人信息。

透明性原则要求组织在处理个人信息时保持开放和诚实的态度。如果个人信息的使用目的或方式发生变化，组织应及时更新隐私政策，并通知受影响的员工。这有助于员工了解他们的信息如何被使用，并在必要时采取行动。

透明性原则还涉及对员工的持续教育和沟通。组织应定期对员工进行数据保护和隐私意识的培训，提高他们对个人信息保护重要性的认识，并鼓励他们在遇到疑问或问题时主动寻求帮助。

三、可访问性原则

可访问性原则强调员工应有权访问自己的人事档案信息，这是个人信息管理中的一项基本权利。这一原则的实施有助于确保信息的准确性，同时也增强了员工对组织的信任和满意度。

为了实现可访问性原则，组织需要建立一个简单易用的系统，使员工能够方便地访问自己的档案。这包括在线门户、自助服务终端或通过人力资源部门的直接访问。无论采取哪种方式，关键是要确保员工能够轻松地获取信息，而不需要经历复杂的程序或长时间的等待。

组织应提供明确的指导和支持，帮助员工理解如何访问他们的信息。这涉及培训、常见问题解答（FAQ）或用户手册。员工在操作过程中遇到问题时，应有专门的联系人或部门提供帮助。

可访问性原则要求组织对员工的更正请求做出及时响应。如果员工发现档案中的信息有误，组织应迅速采取措施进行更正，并确保所有相关系统和记录都得到更新。这不仅有助于维护员工个人信息的准确性，也是对员工权益的尊重。

第二节 人事档案信息的安全风险评估

安全风险评估可以帮助组织识别和预防潜在的安全威胁，制定有效的风险应对措施，从而保护人事档案信息不被非法访问、篡改、泄露或破坏。

一、安全风险评估的内容

（一）法律法规遵循

人事档案管理涉及法律法规的遵循，以确保档案管理的合法性。人事档案不仅是个人政治品质、道德品行、学习工作经历等历史记录材料的集合，还是教育培养、选拔任用和评鉴人才的重要基础。这些档案对于维护人才的合法权益、构建社会信用体系等都具有重要意义。

在人事档案管理中，遵守法律法规是基础要求。人事档案管理必须遵守《中华人民共和国档案法》等国家法律法规。这些法律法规为人事档案的收集、整理、保管、利用和保密等提供了法律依据和操作规范，确保档案管理工作的合法性和规范性。

在实际操作中，这意味着组织必须建立健全的人事档案管理制度，包括但不限于档案的收集、审核、归档、保管、借阅和保密等各个环节。同时，组织还需要定期对人事档案管理工作进行检查和监督，确保各项制度得到有效执行，及时发现并纠正管理中的问题，以保障人事档案的安全和完整。

（二）物理安全

人事档案的物理安全是确保档案信息安全的重要组成部分，它涵盖了档案库房的建设、安全管理和技术防护等多个方面。档案库房作为存储和保护档案的专门设施，其建设必须遵循严格的标准和规范，以保障档案的安全和完整。

档案库房的建设标准要求库房具备"八防"能力，即防火、防盗、防虫、防霉、防光、防尘、防水（潮）和防有害气体。这些防护措施是档案库房建设的基本要求，它们有助于保护档案免受外界不利因素的损害。

在技术防护方面，档案库房应配备全封闭防盗门窗、遮光阻燃窗帘、防护栏等防护设施，并可选择设置智能门禁识别、红外报警、视频监控、出入口控制、电子巡查等安全防范系统。这些技术手段的应用，可以有效地防止非法入侵和档案的不当访问。

档案库房的管理也非常重要。库房应建立科学合理的档案存放秩序，并按照有关标准要求进行建设，加强库房的安全管理和技术防护。对于档案数量较少的单位，也应设置专用房间保管档案，并确保阅档场所、整理场所、办公场所分开，以减少潜在的安全风险。

（三）人员安全

人员安全直接关系到档案信息的安全和保密性。档案管理人员的专业技能、责任意识和政治素养对于维护档案安全至关重要。

档案管理人员必须具备相应的专业知识和技能，能够熟练操作档案管理系统，了解档案管理的规范和流程。他们需要定期接受专业培训，以更新知识和技能，提高档案管理的效率和安全性。

责任意识是档案管理人员必须具备的基本素质。他们需要对档案信息的安全负责，严格遵守档案管理的各项规章制度，确保档案信息不被非法访问、泄露或篡改。管理人员应当意识到，任何疏忽都可能导致严重的后果，包括法律责任和信誉损失。

政治素养同样重要，档案管理人员应具备坚定的政治立场，能够正确理解和执行党的方针政策，确保档案管理工作符合国家法律法规和组织要求。

对档案信息的访问权限控制也是人员安全管理的重要组成部分。应建立严格的权限管理制度，根据管理人员的职责和需要，合理分配访问权限，确保只有授权人员才能访问敏感档案信息。同时，应实施访问日志记录和监控，以便在发生安全事件时能够追踪和定位责任。

二、安全风险评估的流程

（一）识别风险

识别风险是安全风险评估流程的首要步骤，这一步骤要求全面审视可能对人事档案信息安全造成威胁的潜在因素。这包括但不限于内部人员的失误操作，如无意中泄露信息或错误处理档案，这些行为可能由于缺乏培训或疏忽大意而发生。同时，外部威胁如黑客攻击也是重要的考虑因素，这些攻击可能通过各种手段，包括恶意软件、钓鱼邮件或系统漏洞来窃取或破坏档案信息。

系统故障也是不可忽视的风险点，包括硬件故障、软件缺陷或电力中断等，这些都可能导致档案数据的丢失或损坏。此外，自然灾难如洪水、火灾和地震也可能对档案安全构成威胁，需要通过建立应急预案来降低这些风险的影响。

（二）评估风险

评估风险时，首先需要考虑的是风险发生的概率。这涉及对风险因素的深入研究，包括历史数据的分析、行业趋势的考量以及当前安全措施的有效性。例如，如果历史数据显示某类安全事件频繁发生，那么该风险的可能性就相对较高。

评估风险的影响程度同样重要。这包括对潜在损失的估计，如财务损失、声誉损害、法律责任以及对业务运营的影响等。评估风险的影响需要综合考虑风险发生后可能造成的直接和间接后果，以及这些后果对组织的长期影响。

在评估过程中，可以采用定性和定量的方法。定性方法如风险矩阵，通过将风险的可能性和影响程度划分为不同的等级，来直观地展示风险的严重性。定量方法则涉及更复杂的数学模型和统计分析，以精确计算风险的概率和潜在损失。

（三）制定应对措施

在安全风险评估流程中，要制定应对措施以预防和减轻潜在的安全威胁。这些措施旨在增强组织的防御能力，确保人事档案信息的安全。

加强物理安全防护是基本措施之一。这包括但不限于升级档案存储设施的锁具、安装监控摄像头、使用防盗报警系统等。通过这些措施，可以有效地防止未经授权的物理访问和盗窃行为。

提升系统安全等级也是关键。这涉及加强网络边界的安全，如部署防火墙、使用入侵检测系统和数据加密技术。同时，定期进行系统漏洞扫描和补丁管理，以确保系统免受已知漏洞的攻击。

人员培训同样不可忽视。通过定期的安全意识培训和技能提升课程，可以提高员工对安全威胁的认识，增强他们正确处理敏感信息的能力。此外，明确职责和操作规程，确保员工在面对安全事件时能够迅速而正确地响应。

除了上述措施，制订应急响应计划也是必要的。这包括建立快速反应团队，制定详细的事故处理流程，以及定期进行应急演练，以检验和改进应急计划的有效性。

（四）监控和审计

通过定期的监控和审计，组织能够及时发现潜在的安全问题，并采取相应的措施予以解决。

监控活动涉及对人事档案管理系统的持续观察，以识别任何异常行为或迹象。这包括对系统日志的审查，以侦测未授权访问尝试、数据泄露或其他可疑活动。通过使用自动化监控工具，可以提高监控效率，实现实时警报，从而快速响应安全事件。

审计则是一种更为正式和结构化的过程，它涉及对人事档案管理活动的系统性检查。审计的目的是评估安全控制措施的有效性，确保它们符合组织的政策和行业标准。审计结果可以用来识别安全漏洞，提供改进建议，并作为合规性证明。

为了确保监控和审计的有效性，组织需要建立一套明确的监控和审计程序。这包括定义监控的范围和频率，选择合适的监控工具，以及确定审计的标准和方法。同时，组织还应确保有足够的资源和专业知识来执行这些活动。

监控和审计的结果应该被记录下来，并定期向管理层报告。这些报告不仅有助于提高组织对安全状况的认识，还可以作为改进安全管理实践的依据。

第三节 信息安全技术的应用

一、动态管理与全程跟踪技术

（一）动态信息的及时录入与更新

在构建人事档案信息化系统时，保障人员职务变动、工作履历、继续教育和奖惩情况等信息的及时录入和更新极为重要。这要求档案管理人员具备良好的职业素养与专业技能，能迅速处理信息变动，维持档案信息的时效性与准确性。例如，当员工获得新的职业资格证书，档案管理人员需在规定时间内将该信息准确录入系统，确保档案能实时反映员工最新状态，为后续的人事决策提供精准数据支持。从信息安全角度看，及时更新可避免因信息滞后导致的错误操作，降低信息被非法利用的风险，保证档案信息在动态变化中的安全性。

（二）立体反映员工综合表现

动态管理的核心在于通过持续信息更新与收集，全面呈现员工在德行、能力、勤奋、业绩和廉洁等方面的综合表现。这有助于组织深入了解员工实际状况，为人才选拔、任用、培训等提供关键参考。全面且准确的员工档案信息，能让企业在人员调配、项目分配等决策中做出更合适的选择。同时，完整的档案记录可追溯性强，若出现信息安全问题，能依据档案中的历史数据进行排查，保障信息的安全性与完整性，提升人事档案信息在企业运营中的价值。

（三）档案信息与其他资源的整合

在人事决策过程中，将人事档案信息与其他资源有效整合意义重大。实现档案信息系统与员工数据库之间实时数据交互及统计功能联动，能为决策者提供及时、精准的数据支撑。例如，在制订员工培训计划时，结合档案中的技能水平与培训需求信息，以及业务部门反馈的工作任务与岗位要求，可制订更具针对性的培训方案。整合过程需严格遵循信息安全规范，确保数据在交互过程中的保密性与完整性，防止信息泄露或被篡改，提高决策的科学性与合理性，优化企业人力资源配置，同时保障信息安全，促进企业高效运转。

二、信息技术的应用

（一）移动办公技术的应用

移动办公技术的发展为人事档案管理带来便利，提升了管理的灵活性与高效性。档案管理人员可借助移动设备，如智能手机和平板电脑，随时随地查阅档案资料、执行审批流程及决策。这不仅加快了工作流程，提升响应速度，还能及时更新档案信息，保证档案内容的时效性与准确性，实现人事档案的动态管理。在信息安全方面，移动办公技术采用加密传输、身份认证等安全措施，确保在移动环境下，人事档案信息在传输与访问过程中的安全性，防止信息被窃取或恶意篡改，保障员工个人信息与企业档案数据安全。

（二）电子签名和电子印章技术的应用

电子签名和电子印章技术应用于人事档案管理，显著提升管理效率与法律效力。通过该技术实现档案流转与审批的无纸化，降低纸质文件的打印、存储及传递成本。电子签名利用数字签名确保文件真实性与完整性，使电子文件具备与纸质文件同等法律效力；电子印章将传统印章功能电子化，保证签署过程的安全性与可追溯性。在人事档案借阅、调阅等环节，使用电子签名与电子印章，既能提高工作效率，又能依据相关法律法规保障档案信息的安全性与合法性，减少人为操作风险，防止档案信息被非法伪造或篡改。

（三）智能决策支持系统

智能决策支持系统为企业人事部门提供先进工具，助力人才选拔、任用及团队建设决策的科学化与合理化。该系统整合丰富数据资源，运用先进分析模型生成决策建议并评估潜在风险。例如，通过分析员工的业绩、能力、潜力等多维度数据，为人事决策提供量化支持，预测员工发展趋势，辅助企业提前规划人事策略。在信息安全层面，智能决策支持系统对数据进行加密存储与处理，严格限制访问权限，确保敏感人事档案数据在分析与使用过程中的安全性，避免数据泄露，保障企业与员工的利益，提升人事决策的精准性与可靠性。

三、智能档案库房

智能档案库房借助物联网和传感器技术，推动人事档案管理现代化，提升管理效率与安全性，营造安全、健康、绿色的管理环境。

（一）资源管理智能化

智能档案库房利用先进信息技术实现档案资料的自动化管理与控制。通过智能化手段，提高档案资料的利用效率与访问便捷性，拓展档案业务覆盖范围与深度。档案管理精细化程度提高，能快速响应用户需求，实现档案资料的快速检索与精确定位，提升整体档案业务运作效率。从信息安全角度，智能化管理系统对档案存储环境进行实时监测与调控，如温湿度监测、防火防盗报警等，保障档案实体安全，同时对档案访问记录进行详细留存，便于追溯，防止档案信息被非法获取或破坏，确保档案信息安全。

（二）建筑系统智慧化

构建全面智能化体系，使档案库房的运行、维护与修理工作更智能化，优化人力资源与物资配置，降低运营成本。智慧化管理提高档案库房运行效率，增强对环境变化的适应能力，保障档案资料安全与完整。例如，智能照明系统根据库房内人员活动情况自动调节亮度，既节能又保障档案存储环境稳定；智能门禁系统严格控制人员进出，只有授权人员才能进入库房，防止无关人员接触档案，确保档案信息的物理安全，减少因人为因素导致的信息安全风险。

（三）服务创新智慧化

智能档案库房利用智能化设备与系统，提升服务的分析、处理与决策能力。创新服务模式注重用户体验与服务质量，致力于提供高效、便捷、精准的服务。用户可享受更个性化、高质量的档案服务，智能化系统还能根据用户行为与需求优化服务流程，提高服务响应速度与质量。在信息安全方面，服务过程中的用户信息严格保密，访问记录详细留存，确保档案信息在服务环节中的安全性，防止用户信息泄露，保障人事档案信息在全流程服务中的安全流转与使用。

第四节　人事档案信息泄露的应急处理与后续追责

一、应急处理措施

（一）立即报告

在人事档案信息管理中，一旦发现信息泄露，相关责任人应立即向单位负责人和上级组织人事部门报告，以便迅速启动应急预案。报告内容应包括泄露的时间、范围、可能的影响及已采取的初步措施。这一步骤是应急处理的首要环节，它确保了问题能够得到及时的关注和处理。组织应建立明确的报告流程和责任体系，确保在信息泄露发生时，能够迅速而有效地响应。立即报告不仅是对事件的快速反应，也是对员工负责、对组织负责的表现，有助于减少信息泄露可能造成的损害。

（二）评估影响

在人事档案信息泄露后，迅速评估泄露信息可能造成的影响是应急处理的关键步骤。这包括确定泄露的信息类型（如个人隐私、工作记录等），评估泄露信息可能对个人和组织造成的损害程度，以及影响的范围。评估工作需要跨部门合作，涉及信息技术、法务、人力资源等多个部门。评估结果将为后续的应对措施提供依据，包括是否需要通知受影响的个人、是否需要对外发表声明、是否需要法律介入等。这一步骤要求高度的专业性和敏感性，以确保评估的准确性和全面性，为后续行动提供坚实的基础。

（三）控制泄露源

一旦发现信息泄露，应立即采取措施，如关闭不当访问权限、更改系统密码、切断可疑的网络连接等，以确保泄露源被有效控制。同时，应进行系统安全检查，查找泄露原因，防止类似事件再次发生。这些措施需要信息技术部门的密切配合，以确保技术层面的及时响应和有效处理。控制泄露源不仅是对当前泄露事件的直接应对，也是对未来信息安全的预防和加强。

（四）信息修正

在人事档案信息泄露后，对于已经泄露的错误或不准确信息，组织应及时发布更正声明，并向受影响的个人和公众解释情况，以减少误解和不良影响。更正声明应详细说明错误信息的性质、影响范围以及组织采取的纠正措施。此外，组织应主动与受影响的个人沟通，提供必要的信息支持和帮助，以恢复其信誉和权益。信息修正不仅是对事实的纠正，也是对组织诚信和责任的体现，有助于维护组织的公信力和形象。

（五）法律援助

人事档案信息泄露可能涉及法律问题，特别是当泄露的信息涉及个人隐私时。因此，为受影响的员工提供法律咨询和援助是必要的。组织应提供专业的法律服务，帮助员工了解自己的权利和可能的法律后果，以及如何采取行动保护自己的权益。这可能包括起诉侵权者、要求赔偿损失等。法律援助不仅能够帮助员工应对法律问题，也能够增强员工对组织的信任和安全感。

（六）心理辅导

人事档案信息泄露可能会给受影响的员工带来心理压力，特别是当泄露的信息涉及个人隐私或敏感内容时。因此，为受影响员工提供心理辅导是非常重要的。组织应提供专业的心理支持服务，帮助员工处理因信息泄露可能产生的情绪问题，如焦虑、恐惧、羞愧等。心理辅导可以帮助员工恢复心理健康，减轻信息泄露带来的负面影响，同时也体现了组织对员工的关怀和支持。

二、后续追责

（一）责任调查

责任调查是人事档案信息泄露事件后续追责的重要环节。组织应迅速成立由信息技术、人力资源、法务等部门组成的专门小组，对泄露事件进行全面调查。调查的目的是查明信息泄露的原因、过程、影响范围以及直接责任人。调查过程中，应收集相关证据，包括系统日志、访问记录、员工操作记录等，以确保调查结果的准确性和客观性。调查小组还需评估事件对组织和个人造成的损害，为后续的纪律处分和法律责任追究提供依据。责任调查不仅是对事件的还原，也是对组织安全管理体系的一次检验，有助于发现潜在的管理漏洞，为改进措施提供方向。

（二）纪律处分

一旦责任调查结果明确，组织应根据调查结果，对违反规定导致信息泄露的责任人进行相应的纪律处分。这包括批评教育、组织处理或党纪政务处分等。纪律处分的目的是惩戒违规行为，警示其他员工，防止类似事件再次发生。处分措施应当与违规行为的严重程度相匹配，既要保证公正性，也要起到有效的震慑作用。纪律处分不仅是对个人行为的惩罚，也是对组织纪律的维护，体现了组织对信息安全的重视和对员工行为规范的要求。

（三）法律责任

在人事档案信息泄露事件中，如果涉及的行为构成违法犯罪，组织应依法将相关责任人移送司法机关处理。这包括但不限于侵犯个人隐私、非法获取或泄露国家秘密等行为。组织应积极配合司法机关的调查，提供必要的证据和协助。追究法律责任不仅是对违法行为的制裁，也是维护法律尊严和社会秩序的必要措施。通过法律途径，可以对责任人进行公正的审判，给予适当的惩罚，同时为受害者提供法律救济。追究法律责任体现了组织对法治的尊重和对员工权益的保护。

（四）制度完善

人事档案信息泄露事件往往暴露出组织在档案管理方面的不足。因此，根据事件暴露出的问题，组织应完善人事档案管理相关制度，强化档案安全管理。这包括修订档案管理规定、加强档案访问控制、提高档案管理人员的安全意识等。制度的完善，可以提高组织对信息安全的控制能力，减少人为错误和违规行为，从而保护员工的个人信息和组织的敏感数据。

（五）教育培训

加强员工对信息安全的认识和培训是提高全员信息保护意识的有效途径。组织应定期开展信息安全教育和培训，内容包括信息安全政策、操作规程、应急响应等。通过教育培训，员工可以了解信息泄露的危害、预防措施和应对策略，提高自我保护能力。教育培训还应包括对新员工的入职培训和对现有员工的定期复训，确保信息安全意识的持续提升。通过教育培训，组织可以构建一个全员参与的信息安全文化，为保护人事档案信息安全打下坚实的基础。

（六）技术升级

技术防护措施是保护人事档案信息安全的重要屏障。组织应加强技术防护措施，提升档案信息系统的安全防护能力。这包括升级安全软件、加强网络监控、实施数据加密等。技术升级应当与组织的信息安全策略相匹配，确保技术的先进性和适用性。技术升级可以提高组织对外部攻击和内部泄露的防御能力，减少信息泄露的风险。技术升级不仅是对现有系统的改进，也是对未来安全挑战的准备，有助于组织在信息安全领域保持竞争力。

（七）监督机制

建立健全的监督机制是确保人事档案管理工作规范性和安全性的关键。组织应建立包括内部审计、员工举报、第三方评估在内的多元化监督机制。监督机制应当覆盖档案管理的全过程，从档案的收集、存储、使用到销毁。通过监督机制，企业可以及时发现和纠正管理漏洞，防止违规行为的发生。监督机制还应包括对监督结果的反馈和改进措施，确保监督的有效性和持续性。通过建立健全的监督机制，组织可以提高档案管理的透明度和可信度，保护员工的合法权益，维护组织的良好声誉。

第十章 人事档案的跨部门协作与共享

第一节 跨部门协作的必要性与挑战

在当今数字化与信息化飞速发展的时代,企业运营的复杂性不断增加,各部门间的协同合作成为提升整体效能的关键。人事档案管理作为企业人力资源管理的重要基础环节,其跨部门协作的必要性日益凸显。

一、人事档案跨部门协作的必要性

(一)提升人事档案管理效率

传统的人事档案管理模式往往局限于人力资源部门内部,档案的收集、整理、更新等工作主要由该部门独立完成。这种模式存在信息收集不全面、更新不及时等问题。例如,员工参与的外部培训信息可能因培训组织部门未及时反馈给人力资源部门,导致档案中培训记录缺失。通过跨部门协作,各部门能够及时提供员工在本部门产生的最新信息,如业务部门提供员工的项目完成情况、绩效数据,培训部门提供员工的培训成果与反馈等。人力资源部门整合这些信息,可确保人事档案内容的完整性与时效性,大大提升档案管理效率。同时,跨部门协作能够优化档案管理流程。不同部门根据自身业务特点,参与到档案管理流程的优化中来。例如,信息技术部门可协助建立更高效的电子档案管理系统,实现档案信息的快速检索与共享;财务部门参与档案管理成本的核算与控制,确保档案管理资源的合理配置。

(二)为企业决策提供全面数据支持

企业的战略决策、人才选拔、薪酬调整等重要决策都依赖于准确、全面的人事档案信息。单一部门掌握的档案信息具有局限性,难以满足企业复杂决策的需求。例如,在企业进行业务拓展战略规划时,需要了解员工的专业技能分布、跨部门协作能力以及对不同业务领域的熟悉程度等多方面信息。通过人事档案跨部门协作,各部门的信息得以整合。市场部门提供员工在市场开拓方面的业绩与经验,研发部门提供员工的技术创新能力与成果,人力资源部门结合员工的整体职业发展轨迹，为企业决策层提供全面、综合的人事档案数据分析报告，助力企业做出科学合理的决策，降低决策风险。

（三）促进人才培养与发展

人才培养与发展是企业持续发展的核心动力。人事档案跨部门协作能够为人才培养提供更精准的依据。培训部门通过分析人事档案中员工的技能短板、培训需求以及职业发展意向等信息，结合各部门对员工能力提升的期望，制订个性化的培训计划。例如，生产部门反馈员工在新型生产工艺方面的技能不足，培训部门根据人事档案中员工的基础信息与学习能力，设计针对性的培训课程。同时，人事档案跨部门协作有助于发现企业内部的潜在人才。通过跨部门信息共享，员工在不同部门的优秀表现与潜在能力得以展现。例如，一位在行政部门工作的员工，在参与跨部门项目时展现出出色的组织协调能力，这一信息通过协作渠道反馈到人力资源部门，为其后续的职业发展提供了新的机遇，企业也能更好地挖掘和培养内部人才，打造多元化的人才队伍。

（四）保障企业合规运营

在法律法规日益严格的背景下，企业合规运营至关重要。人事档案涉及员工权益、劳动法规等多方面内容，确保档案信息的准确性与合规性是企业的法律责任。跨部门协作能够加强对人事档案的审核与监督。法务部门参与人事档案管理，审核档案内容是否符合劳动法规、隐私保护法规等要求；审计部门对档案管理流程进行审计，确保档案管理工作的规范性与透明度。例如，在员工薪酬调整、福利发放等涉及档案信息的操作中，财务部门与人力资源部门协作，依据法规和档案中的准确数据进行处理，避免因档案信息错误或违规操作引发法律纠纷，保障企业的合规运营。

二、人事档案跨部门协作面临的挑战

（一）信息共享障碍

不同部门在记录员工相关信息时，可能采用不同的数据标准。例如，对于员工的学历信息，人力资源部门按照国家教育部门的标准记录，而业务部门可能因工作需要，采用行业内特定的学历分类标准。这种数据标准的差异导致在跨部门信息共享时，数据难以对接与整合，增加了信息处理的难度与误差。

人事档案信息包含员工大量敏感信息，如身份证号、薪资数据等。各部门对信息安全的重视程度与管理方式不同，导致在信息共享过程中存在顾虑。部分部门担心将信息共享给其他部门后，可能出现信息泄露风险，从而对信息共享持谨慎态度。例如，财务部门掌握员工的薪酬信息，因担心信息泄露引发员工不满，可能不愿意将完整的薪酬数据及时共享给人力资源部门用于绩效评估等工作。

（二）部门职责不清

在人事档案跨部门协作中，各部门的具体职责划分不够清晰。例如，对于员工新获得的专业证书的归档工作，人力资源部门认为应由证书颁发部门（如培训部门或相关行业协会）负责提交，而证书颁发部门则认为人力资源部门应主动收集。职责划分的模糊导致工作推诿、档案更新不及时等问题，影响档案管理的效率与质量。

在涉及人事档案的一些决策中，如档案信息的修改、特殊档案的处理等，各部门的决策权限不明确。例如，当发现员工档案中的工作经历存在错误需要修改时，人力资源部门、员工所在业务部门以及上级主管部门之间可能因决策权限不清晰，无法及时做出修改决策，导致问题拖延。

（三）沟通协调困难

企业内部沟通渠道繁多，但在人事档案跨部门协作中，缺乏专门、高效的沟通渠道。信息传递可能通过多种方式，如即时通信工具、电子邮件、内部办公系统等，且不同部门对信息接收与反馈的习惯不同。例如，重要的档案更新信息可能通过即时通信工具在小范围沟通，未及时同步到相关部门的正式工作流程中，导致部分部门未能及时获取信息，影响协作进度。

各部门日常工作繁忙，对人事档案跨部门协作的沟通重视程度不够，沟通频率较低。一些部门可能只有在出现问题时才进行沟通，缺乏定期的信息交流与协作讨论机制。例如，在员工岗位调整频繁的时期，人力资源部门与业务部门未能及时、频繁沟通员工档案信息的更新需求，导致档案信息滞后，无法准确反映员工的实际工作状态。

（四）文化差异与协作意识淡薄

不同部门由于工作性质、团队氛围等因素，形成了独特的部门文化。这种文化差异在人事档案跨部门协作中可能引发冲突。例如，研发部门注重创新与探索，工作节奏相对灵活，对档案管理的规范性要求可能理解不足；而财务部门强调严谨、规范，对档案信息的准确性与流程的合规性要求极高。在协作过程中，双方可能因文化差异产生分歧，影响协作效果。

部分员工与部门对人事档案跨部门协作的重要性认识不足，协作意识淡薄。认为人事档案管理只是人力资源部门的工作，与本部门关系不大，缺乏积极参与协作的主动性。例如，在档案信息收集工作中，一些部门未能积极配合，拖延提交员工信息，导致档案管理工作整体进度受阻。

三、应对人事档案跨部门协作挑战的策略

（一）建立统一信息标准与安全机制

企业应组织相关部门共同制定人事档案信息的数据标准，明确各类信息的记录格式、分类方式、编码规则等；建立完善的人事档案信息安全管理制度，明确各部门在信息安全管理中的职责与权限。采用先进的技术手段，如数据加密、访问权限控制、防火墙设置等，保障信息在传输与存储过程中的安全。加强员工信息安全培训，提高员工的信息安全意识。

（二）明确部门职责与决策权限

制定详细的人事档案跨部门协作职责说明书，明确各部门在档案管理各个环节的具体职责；明确在人事档案管理中各类决策的权限范围与决策流程。

（三）搭建高效沟通平台与机制

企业搭建专门用于人事档案跨部门协作的沟通平台，整合即时通信、文件共享、工作流程管理等功能。该平台能够实现信息的实时传递与共享，各部门可在平台上及时发布档案管理相关信息、提交工作任务、反馈问题等；制订人事档案跨部门协作的定期沟通计划，如每周召开线上沟通会议，每月组织线下协作工作会议等。在会议中，各部门汇报工作进展、交流问题与经验，共同商讨解决方案。同时，建立沟通反馈机制，对于沟通中提出的问题与需求，及时进行反馈与处理，确保沟通效果的落实。

（四）培育协作文化与提升协作意识

通过企业内部宣传渠道，如内部刊物、宣传栏、线上培训课程等，大力宣传人事档案跨部门协作的重要性与成功案例，传播协作文化理念。让员工认识到人事档案跨部门协作是企业整体发展的需要，与每个部门、每位员工息息相关。定期组织人事档案跨部门协作的团队建设活动，如户外拓展、主题研讨会等。通过这些活动，增进各部门员工之间的了解与信任，打破部门壁垒，培养团队合作精神。

第二节 人事档案在跨部门决策中的应用

一、跨部门决策中人事档案的应用

（一）人才选拔与配置

在跨部门项目中，人才的选拔与配置是项目成功的关键因素之一。人事档案提供了员工的专业技能、工作经验和历史表现等详细信息，这些信息对于识别和配置合适的人才至关重要。通过分析人事档案，部门领导可以快速了解员工的专业背景和工作能力，从而在项目团队中做出更合理的人员安排。例如，如果一个项目需要特定的技术专长，人事档案可以帮助领导快速识别具有相关技能的员工。人事档案还能揭示员工的团队合作能力和领导潜力，这对于构建高效团队同样重要。

（二）绩效管理

绩效管理是企业管理中的核心环节，尤其在跨部门项目中，绩效管理的有效性直接影响项目成果。人事档案中的绩效记录为部门领导提供了员工过往工作表现的直接证据，这些数据可以用来评估员工的工作效率、质量以及对团队的贡献。通过分析这些绩效数据，领导可以识别出高绩效员工，并将他们安排在关键岗位上，以确保项目目标的实现。绩效管理还涉及对低绩效员工的辅导和改进计划，人事档案中的信息可以帮助制定个性化的改进措施。在跨部门项目中，绩效管理不仅关乎个体员工的发展，也关系到整个团队的协同工作和项目的成功。

（三）职业发展规划

职业发展规划对于员工的长期发展和组织的人才储备都至关重要。人事档案中的培训记录和职业发展路径为部门领导提供了制订员工职业发展计划的依据。通过分析员工的教育背景、技能特长和过往的工作经历，领导可以为员工规划出符合其个人兴趣和职业目标的发展路径。在跨部门项目中，这种规划可以帮助员工获得新的技能和经验，促进其职业成长。例如，通过参与不同部门的项目，员工可以学习到新的工作方法和行业知识，这对于他们的职业发展是非常有益的。同时，这也有助于组织发现和培养多面手人才，为未来的领导岗位储备人才。

（四）风险管理

在跨部门协作中，员工的职业道德和行为风险是不可忽视的因素。人事档案中的奖惩记录为评估员工的职业道德提供了重要参考。通过分析这些记录，部门领导可以识别出可能存在的风险行为，并采取相应的预防措施。例如，对于那些有不良行为记录的员工，可以在项目中给予更多的监督和指导，以减少潜在的风险。人事档案还可以帮助识别出具有高度责任感和良好职业道德的员工，将他们安排在关键岗位上，以确保项目的顺利进行。在跨部门项目中，有效的风险管理可以减少不必要的损失，保护组织的利益。

（五）知识管理

在知识经济时代，知识管理成为组织竞争力的关键。人事档案中记录的技能特长和教育背景是组织内部知识共享的重要资源。通过分析这些信息，组织可以更好地理解员工的知识结构和专业领域，从而在跨部门项目中实现知识的整合和创新。例如，通过人事档案，可以发现具有互补技能的员工，将他们组合在一起，以促进知识的交流和创新思维的产生。人事档案还可以帮助组织识别出知识领袖和潜在的培训师，他们在知识传播和团队学习中扮演着重要角色。在跨部门项目中，有效的知识管理可以提高团队的创新能力和解决问题的能力，从而提升项目的成功率。

二、人事档案在跨部门决策中的优势

（一）提高决策效率

在跨部门决策中，人事档案的快速访问为决策者提供了一种高效的信息获取方式，从而显著提高了决策效率。通过电子化的人事档案系统，决策者可以即时访问员工的详细资料，包括他们的专业技能、工作经验和历史绩效等，这些信息对于快速做出人事决策至关重要。例如，在紧急项目需求出现时，决策者可以迅速从人事档案中筛选出最合适的人员，而不是花费大量时间进行手动搜索和面试。这种即时的信息访问不仅加快了决策过程，还有助于减少因信息延迟而导致的潜在项目延误。

（二）增强决策的客观性

人事档案为跨部门决策提供了基于事实的数据支持，这有助于减少主观偏见对决策的影响。在没有人事档案的情况下，决策者会基于个人印象或非正式的信息来做出人事决策，这可能导致不公平或不准确的决策。然而，人事档案中的客观数据，如绩效评估、技能认证和教育背景，为决策者提供了一个公正的评估标准。这些数据可以帮助决策者超越个人偏好，依据员工的实际表现和能力来做出决策。

（三）促进跨部门沟通

人事档案的共享是促进跨部门沟通和协作的关键。在组织中，不同部门可能对员工的能力和潜力有不同的理解，而人事档案提供了一个统一的信息平台，使得各部门可以基于相同的数据进行沟通。这种信息共享有助于打破部门间的信息壁垒，促进知识和资源的流动。例如，当一个部门需要从另一个部门借调员工时，人事档案可以提供必要的信息，帮助接收部门了解借调员工的能力和适应性。人事档案还可以作为跨部门项目团队建立信任和理解的基础。通过共享人事档案，团队成员可以更快地了解彼此的专长和工作风格，从而提高团队协作效率。

（四）优化人力资源管理

通过对人事档案中的数据进行深入分析，组织可以更好地理解员工的能力和需求，从而做出更合理的人力资源配置决策。例如，通过分析员工的技能和绩效，组织可以识别出高潜力人才，并为他们提供更多的发展机会。同时，人事档案还可以揭示组织在人才管理和培训方面的差距，帮助组织制订更有效的培训和发展计划。人事档案的分析还可以帮助组织预测未来的人力资源需求，从而提前进行人才规划和招聘。这种基于数据的人力资源管理方法，不仅提高了人力资源的利用效率，还有助于提升员工的工作满意度和忠诚度。

第三节　组织内人事档案信息共享平台建设

随着信息技术的迅猛发展，传统的人事档案管理模式已无法满足现代组织对高效、便捷和安全的需求。因此，推动人事档案的信息化建设，建立信息共享平台，成为提高档案管理效率和服务质量的重要举措。

一、建设目标

人事档案信息共享平台的建设目标主要包括以下几个方面。

（一）信息共享

信息共享是人事档案信息共享平台建设的核心目标，旨在实现组织内部各部门和单位之间的人事档案信息无缝对接。通过构建这一平台，可以有效地消除信息孤岛现象，促进信息资源的整合与共享。这不仅能够提高信息的透明度和可访问性，还能加强跨部门间的协作与沟通，从而提升整个组织的运行效率。

信息共享平台的建立，使得人事档案信息在组织内部自由流动，确保所有相关人员都能及时获取所需的档案信息，为决策提供强有力的数据支持。

（二）提高效率

信息化手段在人事档案管理中的应用，极大地提升了工作效率。通过电子化处理，档案查询变得更加迅速和便捷，用户无须等待纸质档案的物理转递，即可在线获取所需信息。此外，自动化的档案转递流程减少了人工操作，降低了出错率，同时加快了信息流转速度。管理层面上，信息化系统能够自动记录和更新档案状态，减少了烦琐的手动更新工作，使得档案管理更加高效和准确。

（三）便捷服务

便捷服务是人事档案信息共享平台建设的重要方面，它致力于为用户提供快速、直观的在线查询和自助服务功能。通过这个平台，用户可以随时随地通过互联网访问档案信息，无须亲自到档案室查询，大大节省了时间和减少了不便。平台还提供了自助服务选项，如在线申请档案更新、打印证明等，使用户能够自主管理自己的档案信息。此外，用户友好的界面设计确保了即便是非专业人士也能轻松上手，进一步提升了用户的满意度和平台的使用率。

二、技术实现

人事档案信息共享平台的技术实现主要包括多个关键方面，这些方面共同构成了一个高效、安全、便捷的档案管理系统。

数字化转型是人事档案信息共享平台建设的基础。通过将纸质档案转化为电子档案，采用扫描和 OCR 等技术，可以确保档案信息的完整性和可读性。这一过程不仅提高了档案的存储效率，还使得信息的检索和管理变得更加便捷。

数据库建设是实现信息集中管理和高效检索的关键。通过建立统一的档案数据库，结合云计算和大数据技术，可以实现数据的集中存储和管理。这种集中管理不仅提高了数据的安全性，还能通过高效的检索算法，快速响应用户的查询需求。数据库的设计应考虑到未来的扩展性，以适应不断增长的档案数据量和用户需求。

安全保障是人事档案信息共享平台不可或缺的一部分。通过实施身份认证、权限管理和数据加密等措施，可以有效保护档案信息的安全性。确保只有授权用户才能访问敏感信息，防止信息泄露和篡改。同时，定期进行安全审计和漏洞检测，以及时发现并修复潜在的安全隐患，保障档案信息的安全。

用户界面设计也是技术实现的重要环节。一个友好的用户界面能够显著提升用户体验,使得用户在进行查询、申请和反馈等操作时更加便捷。设计时应考虑到不同用户的需求,提供直观的导航和清晰的操作指引,确保即便是技术水平较低的用户也能轻松使用平台。

三、案例分析

在探讨人事档案信息共享平台的技术实现时,我们可以从两个具体的案例入手:七〇六所的干部人事档案管理信息化解决方案和寻甸县的"三步走"策略。

(一)七〇六所的干部人事档案管理信息化解决方案

七〇六所开发的干部人事档案管理信息化解决方案,涵盖了数字化系统、业务管理系统和智能档案库房三大核心部分,旨在通过技术手段提升档案管理的效率与安全性。该方案通过国产信创平台,将纸质档案数字化,转化为易于处理的数字图像,并提供图片编辑功能,如裁剪、去污和高清转换,以确保档案信息的清晰度和完整性。业务管理系统遵循涉密信息系统的分级保护标准,实现了档案工作的全流程信息化,包括档案的收集、整理、保管、统计和查阅等环节。智能档案库房则集成了物联网和传感器技术,打造了一个集成视频监控、消防报警、环境监控和门禁控制的智能管理系统,确保档案库房的安全、健康和环保。这一解决方案不仅提高了档案管理的效率,还通过 RFID 技术增强了档案的追踪和安全性,为档案管理提供了一个现代化、智能化的新途径。

(二)寻甸县"三步走"策略

寻甸县实施了"三步走"策略以推进干部人事档案的数字化建设,从而增强了档案管理的规范性和安全性。该策略的第一步是加强组织领导和工作部署,确保国家关于干部档案管理的规定得到严格执行。县委组织部的主要领导亲自参与部署,分管领导负责具体实施,并制订详细的工作方案。第二步是实现档案管理的数字化转型,这使得档案的查阅、借阅、归档和统计等操作都能在线完成,大大提高了工作效率。最后一步是构建一个网络化的干部人事档案管理体系,根据职责分配管理权限,使得根据工作需求调阅档案资料变得更加便捷,有效提升了档案资料的利用效率。

这两个案例展示了人事档案信息共享平台技术实现的实际应用和效果。七〇六所的解决方案通过集成多种技术,提供了一个全面、安全、高效的档案管理环境。而寻甸县的"三步走"策略则体现了从传统管理到数字化管理的转变,提升了档案管理的规范性和安全性。这些案例证明了技术实现在提升档案管理服务水平方面的重要性和有效性。

第四节　人事档案信息共享中的安全与隐私保障

一、明确文件分类与权限管理

企业需要对文件进行明确分类，并根据文件的重要性和敏感性设定不同的安全级别，以确保文件的安全共享和合理利用。

（一）文件分类

文件分类是文件管理的基础，它有助于企业更有效地组织和检索文件，同时也是权限管理的前提。通过对文件进行分类，企业可以根据不同类别文件的特性和使用需求，制定相应的安全策略和访问控制规则。例如，可以将文件分为公开文件、内部文件和机密文件等类别，每一类别都有其特定的访问权限和处理流程。

（二）设定安全级别

设定文件的安全级别是确保文件安全的关键步骤。企业应根据文件内容的敏感性和重要性，将文件划分为不同的安全级别，如低、中、高三个级别。对于低级别的文件，可以允许更广泛的访问；而对于高级别的文件，则应严格控制访问权限，确保只有授权的人员或部门能够访问。

（三）严格控制访问权限

对于高度敏感的文件，企业必须严格控制访问权限。这意味着只有经过严格审查和授权的人员才能访问这些文件。企业可以通过设置访问控制列表（ACL）来管理谁可以访问特定的文件或文件集合。此外，企业还应定期审查和更新访问权限，以确保权限设置的准确性和时效性。

（四）实施基于角色的访问控制

基于角色的访问控制（RBAC）是一种常见的权限管理方法，它允许企业根据员工的角色和职责来分配访问权限。在RBAC模型中，权限不是直接分配给个人，而是分配给角色，然后根据员工的角色来确定其访问权限。这种方法简化了权限管理，提高了管理效率，并且可以灵活地适应组织结构的变化。

（五）实施基于属性的访问控制

基于属性的访问控制（ABAC）是一种更为灵活的权限管理方法，它允许企业根据文件的属性和访问者的属性来动态地控制访问权限。在ABAC模型中，权限的分配是基于一系列策略和规则，这些规则考虑了文件的敏感性、访问者的职责、访问环境等因素。ABAC 提供了更细粒度的控制，可以更好地满足企业对文件安全和合规性的需求。

二、采用加密技术保护文件传输与存储

为了保护文件在传输和存储过程中的安全，采用加密技术成为一种必要的手段。

（一）文件传输过程中的加密

在数字化通信领域，SSL/TLS 协议为客户端与服务器之间的数据传输提供了一层坚固的安全屏障。通过这种协议，数据在互联网上的传输被加密，保障了信息的机密性和完整性，使其免受窃听和篡改的威胁。SSL/TLS 协议的运用，就像是在数据传输过程中穿上了一件防弹衣，确保了即使在网络空间这个充满未知风险的环境中，数据也能安全无虞地到达目的地。

（二）文件存储过程中的加密

在数据存储安全领域，采用强大的加密技术至关重要，尤其是对于那些存放于服务器或云环境中的敏感文件。AES-256 加密算法因其卓越的安全性而广受青睐。这种算法属于对称加密的范畴，依赖于长达 256 位的密钥来对数据执行加密和解密操作，从而确保信息的安全性。AES-256 之所以难以被破解，主要归功于其密钥的长度，这使得可能的密钥组合数量达到了一个天文数字，极大地增加了非法入侵者破解密钥的难度。

（三）加密技术的应用

加密技术已成为保护数据安全的关键工具，广泛应用于电子商务、数据库保护、VPN、电子签名以及区块链技术等多个关键领域。在文件传输和存储环节，加密技术发挥着至关重要的作用，它不仅保障了数据在传输过程中不被泄露，还确保了数据在存储时不被非法访问或篡改，从而维护了数据的机密性、完整性和可用性。通过加密，企业能够放心地进行数据交换，用户也能安全地存储个人信息，而不必担心数据泄露的风险。

三、实施审计与监控机制

在信息安全管理中，审计与监控机制不仅有助于检测和记录文件的访问、修改和删除等操作，还能够提供操作的时间、操作者和操作类型的详细信息。这些信息对于事后分析和取证至关重要，可以帮助组织理解安全事件的性质和范围，以及采取相应的补救措施。

(一) 建立审计机制

建立审计机制是确保信息安全的基础步骤,其核心在于识别和保护组织内的关键数据及系统。首要任务是明确哪些文件和系统属于审计范畴。明确审计对象后,紧接着便是部署能够详尽记录关键操作的审计工具。这些工具必须能够捕捉到每一次操作的细节,包括操作的时间点、执行者身份以及操作的性质等,从而在安全事件发生时,能够迅速追溯到事件的源头,并评估其造成的影响。

(二) 实施监控机制

实施监控机制是信息安全管理中的关键环节,其目的是通过实时分析日志数据来发现异常行为和潜在的安全风险。这一过程通常依赖于安全信息和事件管理(SIEM)系统,该系统具备集中化收集、深入分析以及及时报告安全日志的能力。SIEM系统通过预设的阈值和规则,能够自动识别出与正常行为模式不符的活动,一旦发现异常,系统便会自动触发警报机制。这样的自动化响应对于安全团队而言至关重要,因为它允许团队成员在安全威胁造成损害之前迅速采取行动。

(三) 智能分析技术的应用

机器学习和行为分析等技术的应用,使得监控系统不仅能够记录和检测异常,还能深入理解正常的操作模式。通过分析历史数据,这些智能系统能够学习并建立用户和系统行为的基准模型,从而在检测到与正常模式显著偏离的行为时发出警告,这有助于更精确地预测和识别潜在的安全威胁。

智能分析技术的优势在于其能够大幅降低误报率,提高对真实威胁的识别能力。例如,机器学习算法能够识别复杂的攻击模式和细微的行为变化,这些是传统监控系统难以捕捉的。智能分析技术还能够适应新的威胁,随着时间的推移不断优化其检测能力,以应对不断演变的安全挑战。

第十一章 未来人事档案信息的创新应用

第一节 未来人事档案管理的技术发展

人事档案管理作为组织人力资源管理的核心环节，其重要性不言而喻。传统人事档案管理模式在纸质档案存储、人工检索等方面存在效率低下、易损坏、保密性不足等诸多问题。随着信息技术的飞速发展，未来人事档案管理技术正朝着数字化、智能化、安全化的方向大步迈进，为提升管理效率、优化服务质量、保障信息安全带来了前所未有的机遇。

一、当前人事档案管理技术现状

目前，部分组织已初步实现人事档案管理的数字化转型，通过扫描纸质档案、建立电子档案库等方式，实现了档案信息的电子化存储。在检索方面，多采用数据库管理系统，利用关键词检索、分类检索等方式提高档案查找效率。然而，现有技术仍存在明显局限性。一方面，档案数字化程度参差不齐，部分早期档案仍以纸质形式存在，信息整合困难；另一方面，检索技术不够智能，难以满足复杂查询需求，如多条件组合查询、语义理解查询等。

二、未来关键技术趋势

（一）大数据技术

大数据技术将在人事档案管理中发挥核心作用。通过对海量人事档案数据的收集、存储与分析，能够挖掘出员工的职业发展规律、绩效关联因素等重要信息。例如，利用大数据分析员工的教育背景、工作经历与岗位适配度的关系，为人才选拔与调配提供科学依据。同时，基于大数据的预测模型可以提前预判员工离职风险、培训需求等，助力组织提前规划人力资源管理策略。

（二）人工智能与机器学习

人工智能技术，尤其是机器学习算法，将实现档案管理的智能化。图像识别技术可用于档案内容的自动分类、索引生成，极大减少人工标注工作量。自然语言处理技术使档案检索更具智能性，用户能够以自然语言提问，系统自动理解并给出精准答案。机器学习还能通过对历史数据的学习，预测档案信息的变化趋势，如员工薪资增长趋势、职位晋升可能性等。

（三）区块链技术

区块链技术凭借其去中心化、不可篡改、可追溯的特性，为人事档案信息安全提供坚实保障。在人事档案管理中，区块链可用于确保档案信息的真实性与完整性。每一次档案信息的更新都将以加密的方式记录在区块链上，形成不可篡改的时间戳。这不仅能防止档案信息被恶意篡改，还能在出现争议时，通过追溯区块链记录还原信息变更历史，增强档案信息的公信力。

（四）云计算技术

云计算技术将推动人事档案管理向云端迁移。通过云存储，组织无须投入大量资金建设本地数据中心，即可实现档案数据的高效存储与弹性扩展。员工与管理人员可通过互联网随时随地访问授权的档案信息，提升档案管理的便捷性与灵活性。同时，云计算服务商提供的专业安全防护措施，也能有效保障档案数据的安全。

第二节 人事档案与企业数字化转型的深度融合

随着信息技术的快速发展，企业数字化转型已成为提升竞争力的关键。人事档案作为企业管理的重要组成部分，其数字化转型对于提高管理效率、优化决策过程具有重要意义。

一、人事档案在企业数字化转型中的关键作用

（一）人力资源决策的数据基石

人事档案作为企业人力资源信息的宝库，记录了员工从入职到离职的全过程信息，包括基本个人信息、教育背景、工作经历、培训记录、绩效评估结果等。这些丰富的数据是企业进行人力资源决策的基础。在企业数字化转型过程中，对人才的需求发生了深刻变化，需要具备数字化技能、创新能力和跨领域知识的复合型人才。通过对人事档案数据的深度分析，企业能够清晰地了解现有员工的技能结构、能力短板以及职业发展潜力，从而制订针对性的人才招聘计划、培训与发展方案，实现人力资源的精准配置。例如，企业在计划拓展数字化业务领域时，可通过分析人事档案数据，找出具备相关基础知识或学习能

力较强的员工,优先安排他们参与数字化技能培训,快速组建数字化项目团队。

（二）组织变革与人才管理的依据

数字化转型往往伴随着企业组织架构的调整与变革。传统的层级式组织架构逐渐向扁平化、网络化的组织架构转变,以提高企业的响应速度与创新能力。人事档案中的员工工作表现、团队协作能力、沟通能力等信息,对于企业合理划分组织单元、确定岗位设置以及选拔团队负责人具有重要参考价值。同时,在人才管理方面,人事档案为企业的员工晋升、轮岗、调薪等提供客观依据。在数字化转型的动态环境下,企业需要建立灵活的人才激励机制,基于人事档案中的绩效数据和员工成长轨迹,对表现优秀、为数字化转型做出突出贡献的员工给予及时的奖励与晋升,激发员工积极参与数字化转型的热情。

（三）企业文化传承与融合的载体

企业文化是企业的灵魂,在数字化转型过程中,如何传承优秀的企业文化,促进新老员工对数字化理念的认同与融合至关重要。人事档案不仅记录了员工的工作信息,还在一定程度上反映了员工的价值观与职业素养。通过对人事档案中员工故事、优秀事迹的挖掘与整理,企业可以将这些元素融入到企业文化宣传与培训中,让新员工更好地了解企业的发展历程、企业核心价值观以及企业精神,加速新员工对企业文化的认同与融入。例如,企业可以选取在数字化项目中表现出色、体现创新与拼搏精神的员工案例,编写成企业文化故事集,在新员工入职培训、内部宣传平台等渠道进行传播,激励全体员工在数字化转型中积极践行企业文化。

二、人事档案与企业数字化转型融合的难点

（一）档案数据质量参差不齐

当前企业人事档案数据存在诸多质量问题。一方面,部分档案信息录入不完整,例如员工的培训经历、项目经验等关键信息缺失,导致在进行人才评估与决策时无法获取全面的数据支持。另一方面,档案信息更新不及时,员工的岗位变动、技能提升等信息未能及时反映在人事档案中,使得档案数据与员工实际情况脱节。此外,由于历史原因,不同时期、不同部门录入的档案数据格式不统一,存在数据重复录入、错误录入等情况,增加了数据清洗与整合的难度,严重影响了人事档案数据在企业数字化转型中的应用价值。

（二）传统档案管理模式的束缚

传统人事档案管理主要以纸质档案为主,管理流程烦琐,依赖人工操作。

在档案收集环节，需要耗费大量人力、物力收集员工的各类纸质材料，并进行整理、装订。档案存储占用大量空间，且易受自然因素（如潮湿、火灾等）影响，导致档案损坏、丢失。在档案检索与利用方面，人工检索效率低下，难以满足企业在数字化转型过程中对快速获取人才信息的需求。同时，传统档案管理模式缺乏与数字化技术的深度融合，无法充分利用大数据、人工智能等先进技术对档案数据进行分析与挖掘，限制了人事档案在企业数字化转型中的作用发挥。

（三）技术整合与系统兼容性问题

企业在数字化转型过程中，通常会引入多种数字化管理系统，如企业资源规划（ERP）系统、客户关系管理（CRM）系统、人力资源管理系统（HRMS）等。人事档案管理系统作为 HRMS 的重要组成部分，需要与其他系统进行数据共享与交互。然而，由于不同系统的开发商不同、技术架构不同，导致系统之间的兼容性较差，数据传输存在障碍。例如，人事档案管理系统中的员工基本信息无法实时同步到 ERP 系统中，影响了企业对人力资源成本的核算与管理。此外，在引入大数据分析、人工智能等新技术时，如何将这些技术与现有人事档案管理系统进行有效整合，也是企业面临的一大挑战。

（四）人才与意识短板

企业数字化转型需要既懂人力资源管理又掌握数字化技术的复合型人才。然而，目前企业人事档案管理部门的工作人员大多缺乏数字化技术知识与技能，习惯于传统的档案管理方式，对新技术的应用存在畏难情绪。同时，企业管理层对人事档案在数字化转型中的重要性认识不足，往往将更多的资源投入到业务部门的数字化建设中，忽视了人事档案管理的数字化升级。这种人才与意识上的短板，严重阻碍了人事档案与企业数字化转型的深度融合。

三、促进人事档案与企业数字化转型深度融合的策略

（一）构建高质量人事档案数据体系

1.完善数据采集标准

制定统一、规范的数据采集标准，明确各类人事档案信息的采集范围、格式要求以及填写规范。例如，对于员工培训记录，详细规定培训课程名称、培训时间、培训机构、培训证书编号等必填字段，确保数据的完整性与准确性。同时，建立数据采集审核机制，对新录入的档案信息进行严格审核，避免数据错误与重复录入。

2.加强数据更新管理

建立人事档案信息实时更新机制，与企业的人力资源管理流程紧密结合。当员工发生岗位变动、绩效评估结果更新、获得新的培训与技能证书等情况时，系统自动触发档案信息更新流程，相关部门及时将最新信息录入到人事档案管理系统中，确保档案数据的时效性。

3.开展数据清洗与整合

定期对人事档案数据进行清洗，去除重复数据、错误数据以及无效数据。利用数据整合技术，将分散在不同部门、不同系统中的人事档案数据进行集中整合，建立统一的人事档案数据库，实现数据的互联互通与共享，为企业数字化转型提供高质量的数据支持。

（二）推动人事档案管理模式的数字化变革

1.加速档案数字化进程

加大对人事档案数字化的投入，利用先进的扫描技术、OCR（光学字符识别）技术，将纸质档案快速转化为电子档案。建立电子档案管理系统，实现档案的数字化存储、分类管理与安全备份。通过数字化存储，不仅节省存储空间，还能有效避免纸质档案的损坏与丢失风险，提高档案管理的安全性与可靠性。

2.优化档案管理流程

借助信息技术，对人事档案管理流程进行全面优化。实现档案收集、整理、归档、检索、借阅等环节的自动化与信息化。例如，通过在线档案收集平台，员工可自行上传个人相关材料，系统自动进行分类整理与归档；利用智能检索技术，员工与管理人员能够通过关键词、条件筛选等方式快速准确地检索到所需档案信息，大大提高档案管理效率。

3.引入智能化管理工具

将人工智能、机器学习等技术应用于人事档案管理中。利用图像识别技术自动识别档案中的关键信息，如员工照片、证件号码等，实现档案信息的自动提取与录入。通过机器学习算法对员工的绩效数据、职业发展轨迹进行分析预测，为人力资源决策提供智能化建议，提升人事档案管理的智能化水平。

（三）强化技术整合与系统协同

1.建立统一的数据接口标准

企业应制定统一的数据接口标准，规范不同系统之间的数据传输格式、接口协议以及数据交互规则。人事档案管理系统与其他数字化管理系统（如ERP、CRM、HRMS等）按照统一标准进行接口开发，确保系统之间能够顺畅地进行数据共享与交互。例如，通过数据接口将人事档案中的员工薪酬信息实时同步到财务系统中，实现薪酬核算的自动化与准确性。

2.推进系统集成与平台建设

以企业数字化转型战略为导向，推进人事档案管理系统与其他核心业务系统的集成，构建一体化的企业数字化管理平台。在该平台上，实现各类数据的集中管理与综合应用，打破数据孤岛，促进企业各部门之间的协同工作。例如，通过数字化管理平台，人力资源部门可以实时获取业务部门的项目进展信息，根据项目需求及时调配人力资源，同时业务部门也能了解员工的技能与绩效情况，为项目团队组建提供参考。

3.加强新技术应用与融合

积极引入大数据分析、区块链、云计算等新技术，与现有人事档案管理系统进行深度融合。利用大数据分析技术对人事档案数据进行多维度分析，挖掘数据背后的潜在价值，为企业的人才战略、组织变革等提供决策支持。借助区块链技术确保人事档案数据的真实性、完整性与不可篡改，提高档案信息的公信力。通过云计算技术实现人事档案数据的弹性存储与高效访问，降低企业的IT成本。

（四）培养专业人才与提升全员意识

1.开展数字化技能培训

针对人事档案管理部门的工作人员，制订系统的数字化技能培训计划。培训内容包括数字化档案管理系统的操作使用、大数据分析基础、人工智能应用场景等。通过内部培训、外部专家讲座、在线学习平台等多种方式，提升工作人员的数字化技术水平，使其能够熟练运用数字化工具进行人事档案管理工作。

2.引进复合型人才

加大对既懂人力资源管理又具备数字化技术能力的复合型人才的引进力度。通过招聘、合作等方式，吸引外部优秀人才加入企业，充实人事档案管理团队。同时，建立人才激励机制，为复合型人才提供良好的职业发展空间与待遇，留住人才，为企业人事档案数字化转型提供人才保障。

3.提升全员数字化意识

通过企业内部宣传、培训等方式，提升全体员工对企业数字化转型的认识与理解，增强员工对人事档案数字化重要性的意识。让员工认识到人事档案数字化不仅是档案管理部门的工作，更是关系到企业整体数字化转型成功与否的关键环节。鼓励员工积极参与人事档案信息的更新与完善，配合企业推进人事档案数字化建设工作。

人事档案与企业数字化转型的深度融合是企业在数字化时代实现可持续发展的必然要求。通过构建高质量人事档案数据体系、推动档案管理模式数字化变革、强化技术整合与系统协同以及培养专业人才与提升全员意识等策略，企业能够充分发挥人事档案在数字化转型中的关键作用，实现人力资源的优化配置，提升企业的管理效率与创新能力。

第三节 人事档案信息的创新应用案例分析

通过引入现代信息技术，人事档案管理不仅提高了效率，还拓展了应用场景，为组织决策、人才管理和服务提供了强有力的支持。以下是几个具有代表性的人事档案信息创新应用案例分析。

一、徐州市国盛集团人事档案管理质效"双提升"

徐州市国盛集团在人事档案管理上采取了一系列创新措施，以实现管理质效的"双提升"。国盛集团聚焦"建、管、用"的结合，坚持"收、审、归"并重，不断提升人事档案管理的科学化和规范化水平。

在基础建设方面，国盛集团深刻认识到档案工作的重要性，遵循"三室分开"原则，专设智能化人事档案室，并落实多项防护要求，包括防水、防火、防盗等，同时配备24小时全方位视频监控和恒温恒湿防火防盗系统，确保档案管理的规范和安全。

在规范管理方面，国盛集团修订完善了档案管理制度，严把人事档案保管、传递、接收等关键环节，确保管理工作有章可循、有据可查。国盛集团实行"日常+集中+动态"的收集方式，把握关键节点，集中收集阶段性档案材料，动态收集即时性材料，并实行联络员初审、档案管理员复审、人事档案负责人终审的"三审机制"。

在精准用档方面，国盛集团严格进行干部档案任前审核和新进人员档案审核，确保新提拔干部档案材料的完整性和信息内容的准确性。同时，国盛集团持续完善干部信息库，每月底开展干部信息与入库档案的比对工作，保证人档一致、规范入库、科学管理。

此外，国盛集团选派政治过硬、业务精通的干部担任档案管理员，并建立部门内部多重审核机制，引进外部专业力量提升标准化水平，常态化开展业务培训，提升人事档案管理队伍的专业化能力。通过这些措施，国盛集团不仅提高了人事档案管理的效率和安全性，也为选人用人提供了坚实的基础保障，促进了人事档案管理质效的"双提升"。

二、泗县档案管理数字化

泗县人社局积极推动档案管理的数字化转型，通过强化数字化思维和运用数字化手段，实现了流动人员人事档案管理服务水平的显著提升。自2023年5月起，泗县人社局启动了流动人员人事档案的数字化、信息化工作，包括修裱、数字化扫描、目录建库、图像处理、存储、数据验收备份和装订归档等一系列整理工作。目前，已完成档案数字化2.5万件，占档案总库存量的53%，并建立了数据库，导入了档案数字化成果，持续推进流动人员人事档案的标准化、信息化和一体化建设。

在智慧服务方面，泗县人社局依托安徽省流动人员人事档案管理平台开展业务经办，实现了流动人员人事档案管理服务基本事项的网上办理，全天24小时可在线申请，极大地提升了办理效率和群众满意度。

此外，泗县人社局的档案数字化工作还提供了人才数据支撑，通过对流动人员档案信息的分析归类，汇总人员档案来往地、人才生源地、人才毕业院校等信息，统计人事档案在库、转进转出等情况，利用档案数字化将档案信息多维度展示，使人才档案来源、去向一目了然，精准掌握人才流动情况，为全县发挥引才优势，制定相关政策提供有力依据。

泗县人社局计划持续推进流动人员人事档案数字化二期工程，完成全部在库档案数字化和信息采集及录入，全面实现档案数字化管理，并进一步提高档案数字化在服务群众方面的应用，切实做到"数据多跑路、群众少跑腿"，为群众提供更智能、更便捷的服务。

三、宁波市干部人事档案智慧管理应用

宁波市档案中心在干部人事档案智慧管理应用方面取得了显著成效，通过创新管理方式，提高了档案材料的完整性、规范性和科学性。该中心推出的"准备—申报—初审—整改—复审—移交—入库"的"七步移交法"和"五不收"标准，确保了档案管理的高标准和严要求。这种方法不仅提高了档案管理的效

率，还确保了档案的准确性和真实性，为档案的后续利用打下了坚实的基础。

2022年7月，宁波市在全省率先实现了省干部人事档案智慧管理应用市县贯通，形成了"1+10"的档案数据应用中心。这一举措标志着宁波市在档案管理数字化转型方面迈出了重要一步，通过市县两级的数据共享和业务协同，提升了档案管理的整体效能。

截至2023年底，宁波市机关公务员（含参公人员）干部人事档案数字化实现全覆盖，这不仅有效提升了档案服务利用效能，还逐步实现了档案从"简单查"到"综合用"的转变。数字化全覆盖意味着档案信息的检索和利用更加便捷，档案的价值得到了更充分的发挥，为组织决策、人才管理和服务提供了强有力的数据支持。

参考文献

[1]张曼. 提高事业单位人事档案管理水平的路径探索[J]. 兰台内外, 2024(33): 63-65.

[2]温明. 数字化转型背景下企业人事档案的创新管理研究[J]. 办公室业务, 2024(21): 120-122.

[3]刘丽敏. 大数据背景下创新事业单位人事档案管理的研究[J]. 办公室业务, 2024(21): 129-131.

[4]敬萍. 档案管理系统中的数字化技术应用案例分析[J]. 电子技术, 2024, 53(10): 322-323.

[5]陈赛红. 企业数字化时代人事档案信息安全防护体系构建研究[J]. 中国品牌与防伪, 2024(10): 107-108.

[6]韩思思. 事业单位人事档案标准化管理体系构建策略[J]. 中国品牌与防伪, 2024(10): 123-125.

[7]吴淑惠. 保障数字化人事档案信息安全的措施分析[J]. 大数据时代, 2024(8): 14-18.

[8]吴育良, 车宇辉, 王琳. 数字化人事档案管理系统信息安全设计研究[J]. 兰台内外, 2024(22): 25-27.

[9]严亮. 人力资源信息系统在人事档案管理中的应用[J]. 兰台内外, 2024(20): 10-12.

[10]曹蒙. 人事档案专项审核工作对干部选拔任用的作用与对策分析[J]. 黑龙江档案, 2024(2): 135-137.

[11]孙建. 人事档案信息资源开发利用研究[J]. 黑龙江档案, 2024(1): 102-104.

[12]张泓. 协同治理视域下人事档案数据化实践路径研究[J]. 档案与建设, 2024(2): 95-100.

[13]明珉. 浅谈事业单位干部人事档案保密管理[J]. 办公室业务, 2024(3): 49-51.

[14]王丽娜, 阿丽玛, 魏伟, 等. 人事档案数字化管理面临的现状与对策探析[J]. 兰台内外, 2024(2): 16-18.

[15]张颖, 宋彦胜. 关于国企人事档案管理中个人信息保护的思考[J]. 黑龙江档案, 2023(4): 162-164.

[16]王枫叶. 人事档案管理信息化建设创新路径分析[J]. 办公室业务, 2023(12): 163-164,173.

[17]宝磊. 大数据时代下人事档案电子化管理研究[J]. 中国宽带, 2023, 19(5): 126-128.

[18]王宇宁, 张岚. 人事档案数字化与人才服务信息化建设探讨[J]. 黑龙江档案, 2022(6): 58-60.

[19]董彩哲, 李嘉宜. 企业人事档案管理现状及发展方向探究[J]. 中外企业文化, 2022(8): 235-237.

[20]王华. 大数据时代人事档案数据的保全与保密问题研究[J]. 档案与建设, 2022(8): 70-71.

[21]李阿芳. 区块链技术在人事档案管理中的应用[J]. 数字技术与应用, 2022, 40(7):

50-52.

 [22]杨泽文. 人工智能技术在人事档案管理中的应用[C]// 中国管理科学研究院教育科学研究所. 2022电脑校园网络论坛论文集. 常德市房地产产权管理处, 2022: 3.

 [23]张春生. 人事档案管理信息建设应与时俱进[J]. 社会主义论坛, 2021(9): 54,58.

 [24]杨亚娟. 如何做好人事档案的管理与保密工作[J]. 城建档案, 2021(7): 87-88.

 [25]赵玉. 人力资源管理对人事档案管理的要求[J]. 黑龙江人力资源和社会保障, 2021(10): 116-117.

 [26]杨娟. "云存储"在人事档案管理的应用[J]. 南方农机, 2017, 48(22): 117.